Zazie
VERLAG

CHRISTIAN SÄLZER UND NINA SCHELLHASE

Frankfurter Küchen Zwei
Rezepte aus zehn Lieblingsrestaurants
Ein Koch- und Lesebuch

Zazie VERLAG

INHALT

Aufgetischt

17 — VORWORT

18 — ALTE PAPIERMÜHLE *Landgasthof-Küche*

30 — AMBASSEL *Äthiopische Küche*

44 — BELLA DONNA *Italienische Küche*

58 — BINH MINH *Vietnamesische Küche*

74 — CRELL CUISINE *Kreative (Kräuter-)Küche*

88 — HEIMAT *Neue feine Küche*

106 — LUA RUBY SEPTEMBER *Portugiesisch inspirierte Küche*

120 — SARDEGNA *Sardische Küche*

138 — SEVEN SWANS *Neue feine Küche*

152 — WATRA *Ukrainische Küche*

164 — FONDS UND JUS *Grundrezepte*

166 — REZEPTREGISTER

169 — ADRESSEN

VORWORT
Gruß aus der Küche

Es gibt solche und solche. So ist es, und so ist es auch bei den Restaurants. In manche geht man einmal und nie wieder. In andere kann man gehen, muss aber nicht. Dann gibt es die, in die man geht, in denen man bleibt und die man immer wieder aufsucht. Um solche Restaurants geht es in diesem Buch.

2005 haben wir in »Frankfurter Küchen« erstmals Lieblingsrestaurants vorgestellt. Vier Jahre mögen nicht viel sein, in der Gastronomie ist es eine halbe Ewigkeit. Während Restaurants schließen, Betreiber wechseln und sich Köche verabschieden, bewähren sich andere Lokale und sorgen neue Köche für frische Ideen. Deshalb haben wir es wieder getan: Wir haben nach Orten gesucht, die mehr bieten als Standard – auf den Tellern und drum herum. Wir sind zahlreichen Empfehlungen gefolgt und haben Klassiker neu gekostet. Wir haben nette Abende verbracht und viel gegessen. Der Weg zu »unseren Zehn« war indes weit mühsamer und langwieriger als gedacht. Oft ein zufriedengestelltes, weil zumindest gesättigtes »Ja, danke, hat geschmeckt« und nur selten ein begeistertes »Danke, das war toll«. So leicht verliebt man sich eben nicht. Doch wer lange sucht...

Die Restaurants in diesem Buch könnten unterschiedlicher nicht sein. Charmant, laut, stilvoll, schrill. Immer aber sind sie eigen im besten Sinne. Fast alle setzen auf kleine Karten, alle auf beste Zutaten. Immer stehen Persönlichkeiten am Herd, die den Fond lieber selbst ziehen als den Würfel zu zücken; die lieber das ganze Tier ordern als nur Filet zu bestellen und die nicht darauf vertrauen, dass es der Geschmacksverstärker für sie regelt, sondern die ihre Zutaten und deren Wirkung bestens kennen. Hier sind Frauen und Männer am Werk, die wissen, wie es schmecken soll – sei es aus guter alter Tradition, sei es aus professionellem Ehrgefühl. Dabei zeigt sich: Um einen besonderen Ort zu schaffen und Genuss zu ermöglichen, ist es egal, ob man Koch gelernt hat oder Autodidakt ist. Entscheidend ist die Hingabe.

Wie im ersten »Frankfurter Küchen« haben uns die Küchenchefs und -chefinnen in ihre heiligen Hallen gelassen. Sie haben uns Einblick in ihre Töpfe gewährt und ihre Küchengeheimnisse verraten. Sie haben aus ihrem Leben erzählt und für uns die Gerichte in diesem Buch gekocht. Wieder haben wir mitgeschrieben, die Speisen vor Ort fotografiert und zu Hause nachgekocht. »Frankfurter Küchen Zwei« ist ein Buch zum Schauen, Lesen und Kochen. Mit Bildern aus den Restaurants, Geschichten aus der Stadt, Rezepten aus vielen Teilen der Welt und der Anregung, sich die Küchenschürze umzubinden.

Die Küchenbrigade vom Zazie Verlag

LANDGASTHOF-KÜCHE
Alte Papiermühle

In der Gastronomie ist der Gast bekanntlich König. Doch wie man weiß, lebt es sich als Untertan ja nicht immer leicht und kann eine Monarchie schnell in Tyrannei umschlagen. Diese Erfahrung haben auch Thomas Hirsch und Nathalie Kuhn gemacht. Was war passiert?

Es begann im Jahr 2005. Ein Paar Anfang 40, beide anpackende Charaktere, macht Pläne. Er, Metzger und Koch, zuletzt als Caterer für eine Privatschule tätig, sie, Französin und gelernte Modedesignerin, träumen davon, ein Restaurant zu eröffnen. In Frankfurt oder darum herum, vielleicht mit einer Pension, vor allem aber mit einer feinen regionalen Küche. Sie machen sich auf den Weg und stoßen auf die Alte Papiermühle. Ein großes Areal im Grünen mit mächtigen Bäumen direkt an dem Urselbach am Rande Niederursels. Ein Ensemble mit mehreren Fachwerkgebäuden, das älteste von 1712, alles wunderschön, alles zu kaufen, nur leider in miserablem Zustand. Er und sie überlegen, wissen nicht recht, verwerfen die Sache – und schlagen schließlich einige Monate später, es ist bereits 2006, zu. Sofort machen sie sich ans Werk, schuften von früh bis spät und schaffen, was kein Architekt für möglich gehalten hat – binnen drei Monaten haben sie die Gebäude restauriert und die gesamte Anlage in Schuss gebracht. Fast noch bemerkenswerter: Sie haben dabei viel Geschmack fürs Große und Ganze wie auch fürs Detail bewiesen. Ein rustikaler Landgasthof, der mit Stil her- und eingerichtet ist – welch Seltenheit.

Die Pension muss zwar noch warten, aber das Restaurant kann starten. Mit Galsträumen auf zwei Etagen, einem großen Außengelände samt Grillhütte und einer Spielwiese. Feine Speisen denken sie sich aus. Keine Nouvelle Cuisine, das soll es nicht sein, aber eine Landgasthof-Küche auf hohem Niveau. Ohne angerührte Bratensaucen, sondern mit selbst gemachten Fonds und Jus, viel frischen Zutaten aus der Region und Wildbret aus heimischen Wäldern, mit überraschenden Gewürzen und ansprechender Dekoration. So wollen sie den Gast erfreuen, denn der ist ja König. Doch dann passiert es. Die Gäste kommen und bestellen, was sie immer bestellen – Schnitzel, Schnitzel, Schnitzel, mal paniert, mal mit Jägersauce, Hauptsache Schnitzel. Thomas Hirsch steht in der Küche, klopft und brät. Innerlich aber könnte er verzweifeln.

Ist er aber nicht. Vielmehr haben die Gäste langsam gelernt, über den Rand ihres Schnitzeltellers hinauszuschauen. Mehr und mehr kommen sie eigens aus dem Taunus oder aus Frankfurt angereist, um in der Alten Papiermühle zu speisen und sich überraschen zu lassen. Die Folge: Die Schnitzelquote sinkt. Heute läuft der Laden fast so, wie Thomas Hirsch und Nathalie Kuhn ihn sich einst vorgestellt haben. Er als Küchenchef, der traditionelle Gerichte immer wieder neu erfindet. Sie als Chefin fürs Organisatorische und als Chefkritikerin. Denn nichts verlässt die Küche, was sie nicht probiert und abgesegnet hat. Ihr Maßstab ist hoch: Ein Gericht soll nicht nur schmecken, es muss »klingeln«.

Dann ist ja alles gut geworden? Gut schon, aber noch lange nicht fertig. Schon wieder planen die beiden. Zurzeit bauen sie die Scheune in ein Gasthaus für größere Feiern um. Dann soll auch die Pension noch folgen, die Zimmer sind schon vorbereitet. Und irgendwann wollen sie in die Provence auswandern. Noch aber dienen sie direkt an der Ursel dem König. Schließlich haben sie ihn langsam da, wo sie ihn haben wollen.

PS: Quote hin oder her, man darf in der Alten Papiermühle natürlich auch Schnitzel bestellen. Es schmeckt spitze.

HESSISCHE GAZPACHO MIT
APFELWEIN, GRÜNER SOSSE UND
RÖSTBROT

MÜHLEN-WURST-SALAT
MIT BRATKARTOFFELN

GRATINIERTER ROHMILCHKÄSE
MIT HONIG AN BLATTSALATEN IN
ZITRONEN-SENF-DRESSING

*

RHÖNER REHGULASCH MIT
PREISELBEERBIRNE UND HAUS-
GEMACHTEN EIERSPÄTZLE

BREITE BANDNUDELN MIT
GRILLGEMÜSE, GERÖSTETEN PINIEN-
KERNEN UND RUCOLA

*

APFELWEIN-SCHMAND-PUDDING

Typisch Rhein-Main: Ein idyllischer Landgasthof am Stadtrand mitten im Grünen – und trotzdem drängt sich eine Autobahn ins Bild.

HESSISCHE GAZPACHO —
Kalte Gemüsesuppe mit Apfelwein, Grüner Soße und Röstbrot

Südspanische Spezialität in Niederurseler Tracht: In der Papiermühle bekommt die kalte Tomaten-Gurken-Paprika-Suppe einen hessischen Dreh durch zusätzliche Gemüsesorten und Kräuter, die Zugabe eines Schoppen und einen Klecks Grüner Soße. Anders als das Original wird die Mühlen-Gazpacho auch gekocht, bevor sie kalt gestellt wird. Neben geschmacklichen Gründen hat das einen praktischen Vorteil: So hält sie sich wesentlich länger. Eigentlich ein typisches Sommergericht, spricht an fies-kalten Tagen – wie es sie in Südspanien selten, in Frankfurts Norden hingegen häufig gibt – auch nichts dagegen, die Gazpacho warm zu servieren.

Das Öl in einem großen Topf erhitzen und darin die Gemüse – mit Ausnahme der Tomaten und der Gurke – sowie die Kräuter anschwitzen. Chili, Knoblauch und Ingwer ebenfalls in den Topf geben. Den Zucker hinzufügen, dann die Tomaten. Schließlich mit Apfelwein auffüllen und mit Zitronensaft, Balsamico und Salz bzw. Würzsauce würzen. Die Suppe einige Minuten kochen lassen. Erst jetzt dürfen auch die Gurkenstücke in den Topf und kurz mitköcheln. Dann kommt schon der Stabmixer: Die Suppe pürieren. Passiert wird sie nicht, ein bisschen Struktur kann gerne bleiben. Mit Salz, Pfeffer und je nachdem mit Zucker oder Essig abschmecken. Wenn die Suppe abgekühlt ist, wird sie kalt gestellt.

Da die Grüne Soße hier nur als Topping verwendet wird, braucht man nur eine geringe Menge. Je nach Essensplan macht es natürlich Sinn, eine normale Menge zuzubereiten und diese dann als Hauptgang oder am nächsten Tag zu verzehren. Hier ist die Menge auf ein Viertel reduziert. Die Zubereitung ist klassisch: Die Kräuter mit den übrigen Zutaten vermischen, mit Senf, Zitronensaft, Salz und Pfeffer abschmecken.

Die Brotscheiben mit Olivenöl bepinseln und im Backofen schön kross rösten. Die sehr kalte Suppe in Schalen geben und je ein oder zwei EL Grüne Soße daraufgeben. Das Röstbrot dazureichen.

Für 4 Personen

Gazpacho
3 EL Pflanzenöl
2 Stangen Staudensellerie,
3 rote Paprikaschoten und
1–2 rote Zwiebeln, grob geschnitten
Mix aus frischem Thymian, Rosmarin und Oregano, entstielt und fein geschnitten
2 frische Lorbeerblätter, in feine Streifen geschnitten
1 rote Chilischote, evtl. entkernt, in feine Ringe geschnitten
2 Knoblauchzehen, fein geschnitten
1 EL geriebener Ingwer
1 EL brauner Zucker
5 große Fleischtomaten, gewürfelt
250 ml Apfelwein
Saft von ½ Zitrone
1 Schuss weißer Balsamico
Salz oder 1 Schuss Ketjap Manis (indonesische Würzsauce) und Pfeffer
1 kleine Salatgurke, geschält, halbiert, entkernt und in Scheiben geschnitten

Grüne Soße
¼ Pck. Grüne-Soße-Kräuter, entstielt und sehr fein geschnitten
1 Essiggurke, in kleine Stücke geschnitten
100 g Sauerrahm
2 EL Joghurt
Senf, Zitronensaft, Salz und Pfeffer

einige Scheiben Weißbrot
Olivenöl

MÜHLEN-WURST-SALAT MIT BRATKARTOFFELN

Wenn das Internet nicht lügt, hat Gerhard Polt einmal folgendes Diktum aufgestellt: »Beim Wurstsalat hört der Spaß auf!« Da hat er recht. Denn nur vermeintlich ist ein Wurstsalat ein Gericht, das immer schmeckt. Tatsächlich stellt der Wurstsalat – das hat er mit der Tomatensuppe gemein – so etwas wie die Sollbruchstelle in der Gastronomie dar: Taugt in einem Gasthof oder Restaurant der Wurstsalat nichts, braucht man gar nichts anderes mehr zu bestellen. Das ist neben der Rezeptur natürlich vor allem eine Frage der Qualität der Zutaten. Schön am Mühlen-Wurst-Salat: Der Meerrettich verleiht ihm eine feine Schärfe.

Aus Meerrettich, Senf, Apfelwein, Öl, Essig, etwas Zucker, Salz und Pfeffer ein Dressing herstellen. Am besten alle Zutaten in eine schmale Schüssel geben und mit dem Stabmixer zu einer Emulsion hochziehen: Hierbei werden Fett und Wasser, die sich ja eigentlich gar nicht leiden können, durch das diplomatische Geschick des Senfs zu einer sämigen Flüssigkeit zusammendirigiert. Noch einmal abschmecken. Die Wurststreifen mit den übrigen Zutaten in eine Schüssel geben, das Dressing hinzufügen und alles gut durchmischen.

Während der Salat zieht, die Kartoffeln gar kochen, abschütten, pellen und in Würfel oder Scheiben schneiden. Butterschmalz in einer gut beschichteten Pfanne erhitzen und die Kartoffeln darin resch anbraten. Kräftig salzen. Die Hitze reduzieren und die Kartoffeln noch etwas ziehen lassen. Zusammen mit dem Wurstsalat anrichten.

Für 4 Personen
1 EL scharfer Meerrettich
1 EL Dijon-Senf
150 ml Apfelwein
2 EL Pflanzenöl
Apfelessig
Zucker
600 g Lyoner und
2 rote Zwiebeln,
in feine Streifen geschnitten
2 Gewürzgurken, längs halbiert
und in Scheiben geschnitten
1 Boskop, geschält, entkernt und gewürfelt
1 Frühlingszwiebel, in feine Ringe geschnitten

1 kg festkochende Kartoffeln
Butterschmalz zum Anbraten
Salz

GRATINIERTER ROHMILCHKÄSE MIT HONIG AN BLATT-SALATEN IN ZITRONEN-SENF-DRESSING

Schon lange behauptet ein bunter Salatteller seine Position bei den Ach-heute-esse-ich-mal-was-Kleines-Gerichten. Allerdings nur dann, wenn er von einem gehaltvollen Topping gekrönt oder sättigendem Begleiter umspielt wird. Ziemlich aus der Mode gekommen sind gebratene Putenbruststreifen – ein Segen. Ein Salat à la mode ist immer noch der mit Käse. Bei diesem Gericht wird herzhafter Rohmilchkäse mit süßem Honig bestrichen, bevor er für eine kurze, aber heiße Phase in den Ofen kommt. Den Käse kann man nach persönlichem Geschmack wählen. Klassische Rohmilchkäsesorten sind Brie, Camembert oder Vacherin.

Aus den Zutaten für das Dressing zunächst eine Salatsauce herstellen und mit den Gewürzen abschmecken. Vorsicht beim Ingwer, hier reicht eine kleine Menge. Für die meisten gilt das auch beim Chili.

Die Salate waschen, trocken schleudern und in mundgerechte Stücke reißen. Den Rohmilchkäse mit Bärlauchpesto und Zitronenpfeffer rundherum würzen. Den Käse in eine Auflaufform oder in vier Förmchen geben. Honig und Zucker mischen und den Käse damit bestreichen. Dann wird er im Backofen bei starker Oberhitze gratiniert.

Den Salat anmachen und auf einem großen Teller mit einer Portion Käse anrichten und mit frischem Baguette servieren. Et bon appétit.

Für 4 Personen
Dressing
1 EL weißer Balsamico
1 TL Apfelessig
1 TL Apfelsaft
1 EL Olivenöl
1 TL Senf
Salz und Pfeffer
wenig Ingwer, gerieben
etwas Chili, Honig und Vanillezucker

Blattsalate der Saison
(z.B. Eichblatt, Lollo Rosso, Rucola)
400g Rohmilchkäse nach Wahl
2–3 EL hochwertiges Bärlauchpesto
Zitronenpfeffer
2 EL Honig
1 TL brauner Zucker
1 Baguette

RHÖNER REHGULASCH MIT PREISELBEERBIRNE UND HAUSGEMACHTEN EIERSPÄTZLE

Wirklich gutes Wildbret bekommt man beim Metzger seines Vertrauens. Allerdings kreuchen und fleuchen gar nicht so viele Wildschweine, Hirsche, Rebhühner & Co. durch hiesige Wälder, um den Bedarf zu decken. Laut Thomas Hirsch stammt ein großer Teil des Wildfleischs, das hierzulande auf den Tisch kommt, aus neuseeländischen Zuchtanstalten. Für das Rehgulasch ist das gut trainierte Fleisch aus der Keule gegenüber Schulterstücken zu bevorzugen. Das reduziert auch die Schmorzeit. Wer es eilig hat, spart sich das Marinieren. In diesem Fall erst das Fleisch, dann das Gemüse anbraten, ablöschen und mit den übrigen Zutaten würzen. Der Ingwer an dem Gulasch ist übrigens eine Papiermühlen-Erfindung. Der Effekt: Er hebt die Aromen der Mitspieler.

Wenn der Metzger noch nicht Hand angelegt hat: Das Fleisch vom Knochen entfernen und in mundgerechte Stücke schneiden. Die Gemüsestücke in ein Säckchen füllen. Aus Kräutern, Knoblauch, Ingwer, dem Port- sowie dem Rotwein eine Marinade mischen. Diese über das Fleisch geben und gut einmassieren. Auch das Gemüsesäckchen in die Marinade legen. Das Ganze gut ziehen lassen, bei Zimmertemperatur ein bis zwei Tage, im Kühlschrank gerne auch länger.

Zeitsprung: Die Marinade durch ein Sieb gießen, die Flüssigkeit auffangen. Das Gemüsesäckchen abtropfen lassen. Die Fleischstücke aus dem Sieb lesen, abtropfen und in Butterschmalz von allen Seiten kräftig anbraten. Nur so viel Fleisch auf einmal in den Topf geben, dass jedes Stück Bodenkontakt hat. Aus dem Topf nehmen und beiseite stellen. Nun das Gemüse in dem gleichen Topf anschwitzen. Salzen, pfeffern und den Zucker zugeben. Jetzt kommt das Fleisch wieder hinein. Mit der Marinade samt Kräutern ablöschen und mit dem Wildfond aufgießen. Die Perlzwiebeln samt Flüssigkeit hinzugeben, ebenso Tomatenmark, Zitronenschale, Balsamico und – wer hat – einige Löffel Wildjus. Jetzt darf das Ganze köcheln. Je nach Qualität des Fleischs braucht es zwischen einer und guten zwei Stunden, um zart zu werden. Wenn zu früh zu viel Flüssigkeit abzudampfen droht, einen Deckel auf den Topf legen. Gegen Ende der Schmorzeit sollte die Flüssigkeit zu einer dichten und sämigen Sauce einreduziert sein. Das Gulasch noch einmal abschmecken.

Während das Gulasch schmort, die Birnen vor- und die Eierspätzle zubereiten. Die Birnenhälften mit etwas Wasser in einem Topf leicht garen. Für die Spätzle das Mehl mit Milch, Sprudelwasser und Eiern zu einem geschmeidigen, eher flüssigen Teig verrühren. Mit etwas Salz und Muskat würzen. Nun wird der Teig geschlagen. Mit der offenen Hand immer wieder Teig schöpfen und mit Schmackes in die Schüssel klatschen. Das macht man etwa zehn Minuten – so lang, bis der Teig Blasen wirft. Einen großen Topf mit Salzwasser aufsetzen. Den Teig durch eine Presse oder ein Nudelsieb mit großen Löchern in das sprudelnde Wasser drücken und etwa drei Minuten ziehen lassen. Bereitet man die Spätzle nicht à la minute zu, schreckt man sie ab und bringt sie später mit etwas Butterschmalz in der Pfanne wieder auf Esstemperatur. Das Gulasch und die Spätzle anrichten. Auf jeden Teller eine Birnenhälfte legen und einen EL Preiselbeerkompott daraufgeben.

Für 4 Personen
1 kg Rehkeule
(oder 1,5 kg Rehschulter)
¼ Knollensellerie,
½ Lauch und 2 Karotten,
alles geputzt und fein gewürfelt
Mix aus Thymian, Rosmarin,
Majoran und Oregano, entstielt
und klein geschnitten
je 2 Lorbeerblätter, Wacholderbeeren, Pimentkörner und Nelken
1 Knoblauchzehe, geschnitten
1 kleines Stück Ingwer, gerieben
100 ml Portwein
250 ml trockener Rotwein

Butterschmalz zum Anbraten
1 EL Zucker
200 ml Wildfond
1 kleines Glas Perlzwiebeln
1 EL Tomatenmark
geriebene Schale von ½ Zitrone
1 Schuss dunkler Balsamico
evtl. Wildjus
2 Birnen, geschält, halbiert
und entkernt
4 EL Preiselbeerkompott

Eierspätzle
250 g Mehl
1 EL Milch
1 EL Mineralwasser
3 Eier
Salz und Muskat

Schulter oder Keule? Das ist hier die Gulasch-Frage. Das gut trainierte Fleisch aus der Keule ist immer feiner und wird auch schneller zart.

BREITE BANDNUDELN MIT GRILLGEMÜSE, GERÖSTETEN PINIENKERNEN UND RUCOLA

In der Papiermühle herrschen eigene Regeln, wie Speisen zu würzen sind. »Salz ist für mich kein Gewürz, das ist ein reines Mineral«, sagt Thomas Hirsch. Daher ersetzt er Salz mitunter durch südostasiatische Würzsaucen. Oft aber ist nicht mal das nötig, sofern andere Zutaten ihre Würzkraft entfalten können; etwa frische Kräuter. In der Papiermühle gibt der von Nathalie Kuhn gehütete Kräutergarten fast alles her, was in der Küche benötigt wird – von Lorbeer über Thymian bis zum Maggikraut.

Zunächst die Nudeln in Salzwasser al dente kochen. Abschütten, dabei etwas vom Nudelwasser auffangen. Die Nudeln abschrecken. Im nächsten Schritt die Gemüse mit Ausnahme der Tomaten in einer großen Pfanne in heißem Olivenöl scharf anbraten. Die Kräuter zugeben und durchschwenken. Tomaten und Pinienkerne zugeben, schließlich den Sugo und bei Bedarf etwas Nudelwasser untermischen. Die Pfanne vom Feuer nehmen und ganz zum Schluss den Rucola untermischen. Salzen und pfeffern.

Für 4 Personen
500g breite Bandnudeln
1 rote Paprika, entkernt und in Stücke geschnitten
1 Zucchini, längs geviertelt, Kerngehäuse entfernt und schräg in Rauten geschnitten
12 Cherry-Tomaten, geviertelt
Olivenöl zum Anbraten
Mix aus Thymian, Rosmarin und Oregano, entstielt und fein geschnitten
3 EL Pinienkerne, geröstet
etwas Tomatensugo (evtl. Gazpacho, siehe Seite 22)
½ Bd. Rucola, grob geschnitten
Salz und Pfeffer

APFELWEIN-SCHMAND-PUDDING

Nicht dass ein falscher Eindruck entsteht: In der Papiermühle kommt keineswegs bei jedem Gericht Apfelwein zum Zug. Aber bei manchen eben schon – so auch bei diesem Pudding, dessen Süße er einen herben Unterton verschafft. In der Mühle soll es eben »klingeln«. Übrigens: Wenn man weiß, wie einfach dieser Pudding zuzubereiten ist, wundert man sich eigentlich, dass jemals jemand glauben konnte, mit Puddingpulver aus der Tüte Geld zu verdienen… Aber das ist eine andere Geschichte.

Den Apfelwein mit der Milch in einen Topf gießen. Zucker, Vanillezucker und Zimt einrühren, alles gut vermischen. Eine Tasse der Mischung abschöpfen und das Kartoffelmehl darin glattrühren. Die Mischung in dem Topf erhitzen. Wenn sie aufkocht, den Teil mit dem Kartoffelmehl einrühren. Die Masse zieht sofort an. Unter ständigem Rühren noch ein bis zwei Minuten kochen. Den Topf zur Seite stellen und die Masse etwas abkühlen lassen.

In dieser Zeit das Eigelb mit dem Puderzucker schaumig schlagen. In einer zweiten Schüssel das Eiweiß mit einer Prise Salz steif schlagen. Nun den Eigelbschaum in die abgekühlte Puddingmasse einrühren, anschließend den Eischnee unterheben. Das Ganze kalt stellen. Wenn die Masse kühl ist, den Schmand einrühren. Den Pudding in Servierschalen füllen und noch einmal kalt stellen, bis er stichfest geworden ist.

Für 6 Personen
½ l Apfelwein
½ l Milch
3 – 4 EL Zucker
2 Pck. Vanillezucker
1 TL Zimt
100 g Kartoffelmehl (oder Maisstärke)
4 Eier, getrennt
1 EL Puderzucker
1 Prise Salz
250 g Schmand

ÄTHIOPISCHE KÜCHE

Ambassel

Ezana Lakew ist ein ausgesprochen höflicher Mensch, immer zuvorkommend, stets verbindlich. Eines aber kann ihn aus der Ruhe bringen. Wenn es heißt: »Komm, wir gehen zum Afrikaner essen«. Als gäbe es keine Unterschiede zwischen einer marokkanischen, ghanaischen, südafrikanischen und äthiopischen Küche. Allzu leicht landen sie im großen Kessel Afrika, dem unbekannten Kontinent. Wahrscheinlich wäre auch der französische Gastronom nicht erfreut, würde er in einen Topf mit der deutschen, irischen oder türkischen Küche geworfen. Vielleicht stößt es Lakew auch besonders auf, weil er die äthiopische Küche vertritt. Und die ist seines Erachtens die älteste, feinste und authentischste Küche des Kontinents. »Äthiopien hat eine Jahrtausende alte Kultur und ist anders als seine Nachbarn nie Kolonie gewesen.«

Seit fast zehn Jahren führt er das Restaurant Ambassel auf der Sachsenhäuser Mainseite. Das tut er mit großer Hingabe, Ernsthaftigkeit – und Erfolg. Das Restaurant war nicht nur eines der ersten (Achtung, Falle) afrikanischen Restaurants in Frankfurt, es ist bis heute eines der besten. Kein Wunder: Im Ambassel soll es schmecken wie einst bei Lakews Großmutter in Addis Abeba. »Sie hat Lebensmittel immer so liebevoll behandelt, als hätte sie ein kleines Baby im Arm.« Um das hier am Main zu schaffen, setzt er viele Hebel in Bewegung. Zentrale Zutaten wie die Gewürzmischung Berbere lässt er sich aus Äthiopien liefern, Fleisch wird auf traditionelle Art gewaschen, das Fladenbrot Injera jeden Tag frisch zubereitet. Von den Gewürzen über die Präsentation der Speisen bis zur traditionellen Kaffeezeremonie – im Ambassel soll es so äthiopisch wie möglich zugehen. Schließlich versteht sich Lakew nicht nur als Gastronom, sondern auch als Repräsentant seines Landes. Dass das so ist, hat viel mit seiner Herkunft und der jüngeren Geschichte Äthiopiens zu tun.

Lakew gehört dem Stamm der Amharas an, der in Äthiopien lange Zeit alle wichtigen Positionen besetzte. Sein Großvater besaß Kaffeeplantagen und war Bürgermeister wichtiger Städte, die Familie war wohlhabend und einflussreich. Doch dann kommt das Jahr 1974. Kaiser Haile Selassie wird gestürzt und Äthiopien wird zur sozialistischen Volksrepublik. Die Lakews verlieren nicht alles, aber doch vieles. Als dem heranwachsenden Ezana Mitte der 1980er-Jahre der Militär- und damit der Kriegsdienst droht, beschließt seine Familie, dass er das Land verlassen soll. Erst im Flugzeug erfährt er, wohin die Reise geht. Er lebt in Deutschland und in den USA, wo er Wirtschaft studiert und für Fluggesellschaften arbeitet. Doch der Stachel des Exils sitzt tief und das Gefühl ist groß, »seinem« Äthiopien verpflichtet zu sein: »Ich habe immer nach einem Weg gesucht, wie ich die guten Zeiten und Seiten meines Landes repräsentieren kann.« Mit dem Ambassel hat er eine Antwort gefunden.

Vor einigen Monaten hat Lakew im Haus nebenan ein zweites Restaurant eröffnet, das Ambassel Heritage, ein African Grill House. Auch hier kann man Äthiopisch speisen, gleichwohl ist das Ambiente anders. Ein prächtiges Backsteingewölbe, Kunstfotografien an den Wänden. Vor einem falschen Kamin nimmt man in breiten Sesseln Platz, in einer Nische kann man Weine aus Südafrika kosten. Der gesamte Auftritt ist edel-selbstbewusst – und weniger auf Äthiopien konzentriert. Wenn sich das Nebeneinander der beiden Restaurants eingespielt hat, will Lakew ein bislang einzigartiges Programm starten: Er plant, Köche aus verschiedenen Regionen Afrikas einzuladen, die im Heritage für eine begrenzte Zeit ihre jeweilige Regionalküche anbieten. Auf einen ghanaischen Monat könnten südafrikanische Wochen folgen. Das wäre dann auch alles »Afrika«, aber nach- und nebeneinander.

ZENGBL
Ingwer-Gemüse-Suppe

INJERA
Gesäuertes Fladenbrot

★

YETIBS FERFER
Gebratene Rindfleischstreifen mit Weißkohl- und Rote-Linsen-Sauce

SHIRO
Leicht scharfes Kichererbsenpüree mit Gelbe-Linsen- und Spinat-Sauce

YEDORO WOT
Scharfe Zwiebelsauce mit Huhn und Ei

★

YETIBS MUZE
Gebratene Bananen mit Kokosraspel und Vanilleeis

Mit dem Ambassel hat sich Ezana Lakew sein Äthiopien am Main geschaffen. Die Nationalfahne aufzuhängen ist ein tägliches Ritual.

ZENGBL — *Ingwer-Gemüse-Suppe*

Zengbl ist eine klassische Gemüsesuppe – hier allerdings mit einer krachenden Ladung Ingwer, die der Suppe eine ordentliche Schärfe verleiht. Die Dosis ist frei wählbar. Jedenfalls schmeckt die Suppe nicht nur gut, sondern tut auch gut, besonders dann, wenn eine Erkältung im Anmarsch ist.

Die Butter in einem Topf erhitzen und die Zwiebeln darin langsam glasig werden lassen. Verwendet man statt der äthiopischen Gewürzbutter deutsches Butterschmalz, sollte man zumindest noch mit ein bisschen Kurkuma nachwürzen. Den Knoblauch, die Chili, den Ingwer und die Karotten zugeben und einige Minuten mitdünsten. Das Tomatenmark einrühren, dann kommen auch die Tomaten in den Topf. Salzen und pfeffern. Das Ganze mit einem Liter Wasser auffüllen und zum Kochen bringen. Die Hitze reduzieren. Nach 15 Minuten kommen die Kartoffeln dazu. Sind auch sie weich, ist die Suppe fast fertig – noch einmal abschmecken.

Für 4 Personen
2 EL Gewürzbutter (siehe Seite 39)
2 Zwiebeln, fein gewürfelt
1 Knoblauchzehe, gerieben
1 Chilischote, in feine Ringe geschnitten
1 großes Stück (80–100 g) Ingwer, gerieben
2 Karotten, in Scheiben geschnitten
1 EL Tomatenmark
2 Tomaten, gewürfelt
Salz und Pfeffer
2 Kartoffeln, in dünne Scheiben geschnitten

INJERA — *Gesäuertes Fladenbrot*

Das fluffig-weiche gesäuerte Fladenbrot erfüllt beim Essen in Äthiopien und Eritrea gleich drei Funktionen: Es dient als Unterlage fast aller Gerichte, wird als Besteck verwendet – mit der rechten Hand Stücke abreißen und damit mundgerechte Portionen umgreifen, ohne sich die Hände zu bekleckern – und macht obendrein satt. Übersetzt in die deutsche Küche, fungiert Injera demnach als Teller, Gabel und Kartoffel gleichermaßen. Im Original wird Injera aus Teff hergestellt, einer Hirseart, die fast ausschließlich in Afrika angebaut wird. Hierzulande bekommt man es auch unter dem Namen Zwerghirse in Biosupermärkten. Man kann Teff durch Weizen, Hirse, Gerste, Mais oder eine Mischung aus zwei oder drei Getreidesorten ersetzen. Die Zubereitung der Fladen gilt als hohe Kunst. Anders ausgedrückt: Viele Wege führen zu einem gelungenen Injera. Leider aber führen viel mehr daran vorbei. So darf sich im Ambassel auch nur eine einzige Frau ans Werk machen – und das tut sie jeden Morgen um sechs Uhr in fast meditativer Ruhe. Jeder Handgriff gleicht einem Ritual, wie der Teig mit der Hand gerührt und geschlagen, die Pfanne geschwenkt und ein Fladen liebevoll zur Seite gelegt wird. Kriterium für gutes Injera sind nicht nur Geschmack und Konsistenz, sondern auch die Optik: Über den gesamten Fladen müssen sich kleine Bläschen regelmäßig verteilen. Eigentlich wird der Teig auf heißen Tonplatten gebacken. Aber die hat man ja eher selten zu Hause. Eine gut beschichtete Pfanne tut es auch.

Für 10 Fladen
125 g Hirsemehl
375 g Weizenmehl
1 Hefewürfel (40 g)
1 TL Salz

Die beiden Mehlsorten vermischen, in eine Schüssel sieben und mit einem Liter Wasser zu einem glatten und dickflüssigen Teig verrühren. Die Hefe mit etwas lauwarmem Wasser in einer großen Schüssel anrühren und den Teig zugeben. Nun heißt es warten. Der Teig darf zwei oder gar drei Tage lang zugedeckt an einem zugfreien Ort gehen und gären.

Zeitsprung. Das Wasser, das sich an der Oberfläche abgesetzt hat, vorsichtig abgießen. Etwa eine halbe Tasse des Teiges abschöpfen und in einen Topf geben. Unter kräftigem Rühren eine Tasse sehr heißes Wasser zugießen. Aufpassen, dass es nicht klumpt. Die Mischung bei mittlerer Hitze unter ständigem Rühren aufkochen und eindicken. Abkühlen lassen. Dann wieder in den Teig geben, verrühren, salzen und knapp einen halben Liter kaltes Wasser zugießen – der Teig ist jetzt recht flüssig. Die Schüssel wieder abdecken und den Teig noch einmal 20 Minuten gehen lassen.

Jetzt kann endlich gebacken werden. Eine beschichtete Pfanne ohne Öl stark erhitzen. Eine Schöpfkelle des Teiges in die Pfanne gießen und diese so schwenken, dass er sich gleichmäßig dünn verteilt. Knapp eine Minute backen – das Wasser verdampft, der Fladen trocknet von außen nach innen durch und verändert dabei seine Farbe. Ist das passiert, noch einmal für etwa zehn Sekunden einen Deckel auf die Pfanne legen. Der Fladen muss sich nun leicht vom Pfannenboden lösen. Aus der Pfanne auf ein Küchentuch gleiten lassen. Vorsicht, den Fladen nicht mit bloßen Händen anfassen, er ist noch leicht feucht, klebrig und verdammt heiß. Auf dem Tuch einige Minuten ausdampfen und nachtrocknen lassen. Und so geht es weiter – von Fladen zu Fladen.

Jeden Tag werden im Ambassel bis zu 200 gesäuerte Fladenbrote gebacken. Kein Wunder, schließlich dient Injera als Teller, Gabel und Beilage gleichermaßen.

YETIBS FERFER —
Gebratene Rindfleischstreifen mit Weißkohl- und Rote-Linsen-Sauce

Ein äthiopisches Hauptgericht kommt selten allein. Vielmehr hat es Begleiter aus Gemüse oder Hülsenfrüchten an seiner Seite. Ihre Aufgabe: Da sie meist recht mild gewürzt sind, sollen sie die Schärfe des Hauptgerichts ausgleichen. Oft werden sie auf Äthiopisch als Wot bezeichnet, was meist mit Sauce übersetzt wird. Das passt nicht immer. So erinnern die Linsen eher an ein Püree und der Weißkohl hat gleich gar nichts von einer Sauce.

Los geht es mit dem Weißkohl. Die Kartoffeln mit den Karotten in einer Pfanne in Öl bei mittlerer Hitze in aller Ruhe braten, bis sie weitgehend gar sind. Den Kohl in einer zweiten Pfanne mit Öl unter gelegentlichem Wenden 20 Minuten dünsten. Parallel dazu in einem Topf die Zwiebeln mit dem Knoblauch, den Gewürzen und der grünen Chili in Öl langsam anschwitzen. Nach einigen Minuten die Gemüse zugeben und alles zusammen fertig garen, eventuell einen Schluck Wasser zugießen. Abschmecken.

Für die Linsenbeilage das Öl in einem Topf erhitzen. Die Zwiebel, den Knoblauch, den Ingwer und die Gewürze etwa zehn Minuten bei niedriger Temperatur anschwitzen. Die Linsen und das Wasser zugeben und bei niedriger Hitze für 20 bis 25 Minuten köcheln lassen, gelegentlich umrühren und bei Bedarf Wasser nachfüllen. Am Ende der Kochzeit zerfallen die Linsen und es entsteht eine Art Linsenpüree, das nicht zu flüssig, aber auch nicht zu fest sein sollte. Abschließend salzen.

Zum Fleisch: Die Butter in einer Pfanne erhitzen und das Fleisch darin scharf anbraten. Die Hitze reduzieren. Zwiebeln, Chilis und Paprika sowie die Rosmarinzweige zu dem Fleisch geben und gut durchschwenken. Einige Minuten ziehen lassen. Bei Bedarf Wasser zugeben. Mit den Gewürzen abschmecken und mit Gewürzbutter abrunden. Das Rindfleisch in der Mitte eines Injera-Fladens anrichten, die Beilagen danebensetzen. Wer kein Injera hat, kann das Ganze auch mit Reis oder Brot essen. Wenn man die Linsen stärker einkocht, lassen sie sich auch gut als pikanter Brotaufstrich verzehren.

Für 6 Personen

Weißkohl
2 Kartoffeln und 2 Karotten, gewürfelt
Öl zum Anbraten
400g Weißkohl, grob geschnitten
1 Zwiebel, fein gewürfelt
3 Knoblauchzehen und 1 TL Ingwer, gerieben
1 TL Kurkuma
½ grüne Chili, in Ringe geschnitten

Rote Linsen
100 ml Öl
1 Zwiebel, fein gewürfelt
1 Knoblauchzehe und 1 TL Ingwer, gerieben
1 TL Kurkuma und 1 TL Berbere
2 Tassen rote Linsen und 5 Tassen Wasser
etwa 1 TL Salz

Fleisch
2 EL Gewürzbutter (siehe unten)
600g Rinderfilet, in feine Streifen geschnitten
3 Gemüsezwiebeln, in Ringe geschnitten
2 Rosmarinzweige
1 rote und 1 grüne Chili, fein geschnitten
1 rote Paprika, in Streifen geschnitten
½ TL Berbere (siehe Seite 40)
1 TL Kardamomsamen, im Mörser zerstoßen
Salz

NITER KIBBEH — *Gewürzbutter*

Als Fett zum Braten und Kochen wird in Äthiopien gewürztes Butterschmalz verwendet. Man kann es in Afrika-Läden kaufen oder auch selbst herstellen – so wie hier beschrieben. Alternativ kann man auf deutsches Butterschmalz oder indisches Ghee ausweichen und nachwürzen. In Äthiopien ist Niter Kibbeh so hoch angesehen, dass man sie sogar in Kaffee einrührt. Und es sage niemand, in Äthiopien verstehe man nichts vom Kaffeetrinken – dort ist es schließlich erfunden worden.

Die Butter in einem Topf bei ganz niedriger Temperatur schmelzen lassen. Gelegentlich etwas umrühren. Sobald sie vollständig geschmolzen ist, kommen die Gewürze hinzu. Die Hitze erhöhen und die Butter einmal aufkochen lassen, bis sie schäumt. Die Hitze auf die niedrigste Stufe reduzieren und die Butter 30 Minuten simmern lassen. Die Butter nimmt eine goldgelbe Farbe an und wird klar. Die Flüssigkeit durch ein Küchentuch in ein sauberes Gefäß abseihen. Kühl gelagert hält sie sich mehrere Monate.

500g Butter
2 Knoblauchzehen, gerieben
1 Stück Ingwer, gerieben
1 rote Zwiebel, sehr fein geschnitten
1 TL Bockshornkleesamen
2 TL Kumin (Kreuzkümmel), gemahlen
3 Kardamomsamen, im Mörser zerstoßen
1 TL Oregano und ½ TL Kurkuma
etwas Salz

BERBERE: ROTE PFEFFERMISCHUNG

Die äthiopische Küche ist stark von Gewürzen geprägt. Ein zentrales Element, vor allem wenn es scharf werden soll – und das soll es meistens –, ist Berbere, eine rote Gewürzmischung. Es gibt sie trocken oder als Paste und in ganz unterschiedlichen Zusammenstellungen. Immer aber sind Pfeffer und Chili, meist auch Knoblauch, Ingwer, Gewürznelken, Kardamom, Piment und Koriandersamen im Spiel. Berbere findet man in gut sortierten Gewürzläden oder im Internethandel. Im Ambassel lässt man sich die Mischung direkt aus Äthiopien liefern. Wenn es also genau oder fast so wie dort schmecken soll, kann man sich an Ezana Lakew wenden und bei ihm Berbere kaufen.

SHIRO — *Leicht scharfes Kichererbsenpüree mit Gelbe-Linsen- und Spinat-Sauce*

In Äthiopien wird gerne Fleisch gegessen – wenn es denn einmal gestattet ist. Tatsächlich hat die äthiopisch-orthodoxe Kirche jeden Mittwoch und Freitag und sogar einige ganze Monate zur Fastenzeit erklärt, in der kein Fleisch und nicht einmal Milchprodukte, sondern nur Gemüse und Fisch erlaubt sind. Insgesamt gilt das Fastengebot an fast 200 Tagen im Jahr. Ob wegen der Kirche oder nicht, in jedem Fall hat die äthiopische Küche zahlreiche vegetarische Gerichte mit Hülsenfrüchten und Gemüse zu bieten. Shiro ist eines davon.

Das Öl und die Butter in einem Topf erhitzen und darin die Zwiebeln und den Knoblauch bei niedriger Temperatur dünsten. Das Tomatenmark und die Gewürzmischung zugeben. Unter ständigem Rühren einige Minuten anschwitzen. Nichts anbrennen lassen, daher lieber ab und an einen Schluck Wasser zugeben. Schließlich das gesamte Wasser zugießen und aufkochen. Langsam und unter ständigem Rühren das Kichererbsenmehl einrieseln lassen. Salzen. Etwa 20 Minuten bei niedriger Temperatur köcheln lassen, dabei immer wieder umrühren. Das Mehl zieht an und die Masse dickt ein, sie sollte aber noch »fließen«. Bei Bedarf Wasser nachgießen oder Mehl nachschütten. Vor dem Servieren mit Salz und eventuell Butter abschmecken. Soll das Ganze noch schärfer werden, kann man auch ganze Chilischoten mit in den Topf geben.

Zu den Beilagen: Die gelben Linsen werden genauso zubereitet wie die roten Linsen (siehe Seite 39), nur kommt hier statt Berbere Kardamomsamen ins Spiel. Für den Spinat Öl oder Butter in einem Topf erhitzen. Die Zwiebel, den Knoblauch, den Ingwer und die Gewürze in aller Ruhe anschwitzen. In dieser Zeit den Spinat entstielen, waschen, abtropfen lassen und grob schneiden. Im Topf mitdünsten, bis er gar ist. Salzen.

Shiro und die beiden Beilagen auf Injera anrichten. Dazu passt Salat.

Für 6 Personen

Kichererbsenpüree
100 ml Pflanzenöl
1 EL Gewürzbutter (siehe vorangehende Seite)
2 mittelgroße Zwiebeln, fein gewürfelt
2 Knoblauchzehen, gerieben
2 EL Tomatenmark
1 TL Berbere (siehe oben)
800 ml Wasser
100 g Kichererbsenmehl (Shiro-Mehl)
1–2 TL Salz
evtl. 1–2 Chilischoten

Gelbe Linsen
100 ml Öl oder 2 EL Gewürzbutter
1 Zwiebel, fein gewürfelt
1 Knoblauchzehe, gerieben
1 TL geriebener Ingwer
1 TL Kurkuma
1 TL Kardamomsamen, im Mörser zerstoßen
2 Tassen gelbe Linsen
5 Tassen Wasser
etwa 1 TL Salz

Spinat
100 ml Öl oder 2 EL Gewürzbutter
1 Zwiebel, fein gewürfelt
1 Knoblauchzehe, gerieben
1 TL geriebener Ingwer
½ TL Kurkuma
700 g Spinat
1–2 TL Salz

YEDORO WOT — *Scharfe Zwiebelsauce mit Huhn und Ei*

Dieses Gericht ist so etwas wie die äthiopische Nationalspeise, die vor allem an Festtagen auf den Tisch bzw. auf das Injera kommt. Hauptbestandteile sind Huhn und Ei und natürlich die Gewürzmischung Berbere, die es höllisch scharf machen kann. Vor Ort unterliegt die Zubereitung festen Regeln, etwa, wie das Huhn zerlegt wird, wie und vor allem wie ausgiebig es gewaschen wird oder wie lange die Zwiebeln köcheln müssen. Grundsätzlich wird Fleisch in Äthiopien immer mehrfach in Zitronen- oder Limettenwasser eingelegt, um unangenehme Noten von Fleischgeruch und -geschmack verschwinden zu lassen. Man kann die Zubereitung natürlich auch abkürzen, indem man das Fleisch nicht ganz so aufwendig wäscht und die Zwiebeln kürzer köcheln. Im Ambassel ist man diesbezüglich kompromisslos: Für Yedoro Wot steht der Topf fünf Stunden auf dem Herd.

Für 4–6 Personen
1 großes Huhn
Saft von 1–2 Zitronen oder Limetten
100 ml Öl oder 3 EL Gewürzbutter (siehe Seite 39)
6 große Zwiebeln, fein gewürfelt
2 Knoblauchzehen, fein geschnitten
1 TL geriebener Ingwer
2 TL Berbere (siehe Seite 40)
1 TL Paprikapulver
1 EL Tomatenmark
Salz
4–6 Eier, hart gekocht und geschält

Von dem Huhn die Haut abziehen. Dann wird es in Brust-, Keulen- und Flügelteile zerlegt. Diese gut mit kaltem Wasser waschen und mit Zitronensaft abreiben. Das Öl in einem großen Topf erhitzen. Zwiebeln, Knoblauch und Ingwer bei niedriger Temperatur dünsten und bräunen. Drohen sie anzubrennen, einen Schluck Wasser zugießen und weiter dünsten – bis wieder etwas Wasser nötig wird. Nachdem man drei Mal Wasser zugegossen hat, Berbere, Paprikapulver und das Tomatenmark zufügen. Das Ganze bei ganz niedriger Hitze noch eine ganze Zeit (45 Minuten) weiter köcheln lassen, bei Bedarf immer wieder etwas Wasser zugeben. Insgesamt benötigt man zwischen einem halben Liter und einem guten Liter Wasser. Dann kommen die Hühnerteile ins Spiel bzw. in die würzige Zwiebelmasse. So lange mitköcheln, bis das Fleisch gar ist und sich leicht von den Knochen löst. In den letzten zehn Minuten dürfen auch die hart gekochten Eier dabei sein. Die Sauce noch einmal abschmecken und auf Injera anrichten. Darauf achten, dass jede Person Fleisch und ein Ei bekommt. Wenn das Ganze zu scharf geraten ist, kann man auch Joghurt dazureichen.

YETIBS MUZE — *Gebratene Bananen mit Kokosraspel und Vanilleeis*

Ein Eldorado raffinierter Süßspeisen ist die nordostafrikanische Küche nicht gerade. Dafür ist sie fruchtig, oft kommt Obst wie Papaya oder Banane auf den Tisch. In hiesigen äthiopischen Restaurants beschränkt man sich oft auf Banane, um der Deutschen Lust auf Nachtisch zu stillen, sei es in Form von Bananencreme, sei es gebraten. Letzteres macht großen Sinn, da Hitze das Aroma von Bananen potenziert – so süßlich-aromatisch schmeckt keine noch so reife Banane.

Für 4 Personen
4 reife Bananen
3 EL Butter
4 EL Kokosraspel
2 EL Honig
4 Kugeln Vanilleeis

Die Butter in einer großen Pfanne erhitzen. Die Bananen schälen und längs halbieren. Die Hälften in der heißen Butter von beiden Seiten braten. Sie sollen Farbe nehmen und weich werden, aber nicht ihre Form verlieren. Während des Bratens werden sie mit Honig bestrichen und mit Kokosraspel bestreut. Die Bananenhälften auf Tellern anrichten, noch einmal Kokosraspel darüberstreuen und das Vanilleeis dazu anrichten.

ITALIENISCHE KÜCHE
Bella Donna

Auf den ersten Blick wirkt alles normal. Eine gut sortierte Vorspeisenvitrine, in einer Nische mannshohe Pfeffermühlen, Pizza und Pasta, ein »Ciao« beim Eintritt. Ein Italiener eben, wie zehn, zwanzig, Dutzende andere in der Stadt. Doch dann kommt der zweite Blick. Und schon bald ist klar, dass man hier in eine Welt eingetaucht ist, die es so nur ein einziges Mal gibt. Mag sein, dass sich manch unvorbereiteter Gast dabei etwas erschrickt. Wer sich aber einlässt, kann im Bella Donna – der Welt der Familie Renna – sein kleines italienisches Wunder erleben.

Ihren Ursprung nimmt die Geschichte im apulischen Bari, am Sporn des italienischen Stiefels. Der Vater von Patrone Felice stirbt früh und so muss er, der einzige Sohn neben fünf Töchtern, in jungen Jahren das Geld verdienen. Er lernt einen traditionellen Beruf und wird Pferdemetzger. Ein Knochenjob, immerhin aber ein Job. Viel Perspektive bietet er jedoch nicht. Was also tun? Sein Cousin führt mittlerweile in Germania, genauer in Bockenheim, das Ristorante Pulcinella und lockt mit einem Versprechen: Hier kannst Du gutes Geld verdienen. So packt Felice Renna die Koffer. Im Pulcinella beginnt er als Spüler, nach und nach aber lernt er das Handwerk der Gastronomie. Am 11. September 1989 macht er dann den großen Schritt und eröffnet in Sachsenhausen das Bella Donna. Den Verlauf seiner arbeitsamen Karriere bringt er so auf den Punkt: »Von unten ging es nach oben.«

Das Konzept des Bella Donna ist einfach: Küche à la Mamma. Aber bellissimo! Spaghetti Calabrese, selbst gemachte apulische Orecchiette mit wildem Brokkoli und großzügige Stücke von kurzgebratenem Fleisch. Allesamt Klassiker, die hier ohne jeden Schnörkel, aber auf den Punkt zubereitet werden. Stammgäste lassen sich hier schon lange keine Karte mehr geben, sondern das Beste vom Tage empfehlen. Dann lehnen sie sich zurück und genießen das Gran Teatro, das im Bella Donna tobt – mittags, abends, jeden Tag. Die Hauptdarsteller: Felice Renna, der Chef. Seine »kleine« Schwester Nicoletta, die hier mit knapp 16 Jahren angefangen und selbst ihre Tochter im Restaurant aufgezogen hat. Und Sohn Michele. Ein Trio mit viel Herzen. Die Küche schmeißen Rocco, ebenfalls Apulier, sowie die Sizilianerin Guiseppa samt Sohn Guiseppe. Hier kocht der Süden.

Das Bella Donna ist ein italienischer Kosmos, prall gefüllt mit Persönlichkeit, Emotion und gutem Essen. Hier wird viel und vor allem laut geredet. Hier wird gesungen, gelacht und vor allem gekocht. Nirgendwo sonst liegen Schläge und Küsse, die das Team untereinander verteilt, so nah beieinander. Kurz: Mitten in Sachsenhausen pulsiert ein Stück Apulien. Und zwischen fliegenden Tellern und quietschenden Korken, zwischen Al Bano und Romina Power sowie Maestro Puccini aus den Lautsprechern leben die Gäste einen Moment lang mit. Klischee? Und wie! Allerdings nicht aufgesetzt, sondern echt und mitten aus dem Bauch heraus. Michele Renna sieht das so: »Wir machen, was wir können, und sind, wie wir sind.«

Eine Zeit lang führten die Rennas noch zwei weitere Restaurants, die auf den Namen »schöne Frau« hörten. Nur leider zahlte sich die Investition im doppelten Sinne nicht aus. Erstens kam die Krise, die aus manchem Gast ein Sparbrötchen machte. Zweitens stellte sich heraus, dass ein Bella Donna ohne »la Famiglia« einfach nicht dasselbe ist. Wo Felice, Nicoletta und Michele nicht sind, ist auch kein Bella Donna. Oder anders gesagt: Eine Frau wird erst schön durch die Liebe. Also machten sie wieder Schluss mit den Nebenbuhlerinnen und besannen sich auf das Original. Es gibt eben nur ein Bella Donna.

ZUPPA DI ZUCCA
Kürbissuppe

MELANZANE FARCITE
Gefüllte Auberginen

★

ORECCHIETTE ALLA MUSTAZZ
Öhrchennudeln nach Bauernart mit Wildbrokkoli

TAGLIATELLE AL RAGÙ
Bandnudeln mit Hackfleischsauce

★

AGNELLO GRATINATO SCOTTADITA
Gratiniertes Lammcarrée mit Senf-Parmesan-Kruste

★

ZABAIONE BELLA DONNA
Marsala-Weinschaumcreme »mit Musik«

PANNA COTTA CON PASSATA DI FICHI
Panna Cotta mit Feigensauce

Das Bella Donna ist kein Ristorante, dem man mal einen Besuch abstattet. Es ist eine Welt, in die man eintaucht. Dann kann man sein italienisches Wunder erleben.

ZUPPA DI ZUCCA — *Kürbissuppe*

Der Auftakt zum Bella-Donna-Menü ist wie alle Gerichte aus dieser Küche: schnörkellos, schlicht, aber auf den Punkt gekocht. Für diese Suppe wird nichts geröstet, passiert oder geschäumt, sondern lediglich gekocht und püriert. Und nur ganz wenige Zutaten dürfen mitmischen, weder Kräuter noch Fond, Brühe oder besondere Gewürze. Schließlich ist es ja eine Kürbissuppe – und die soll im Bella Donna eben vor allen Dingen nach Kürbis schmecken. Basta.

Die Kürbiswürfel mit der Zwiebel und den Kartoffeln in einen breiten Topf geben und so viel Wasser zugießen, dass das Gemüse gut bedeckt ist – zwischen einem und eineinhalb Liter. Einen ordentlichen Schluck Olivenöl dazugeben, salzen und pfeffern. Das Ganze zum Kochen bringen und knapp eine Stunde köcheln lassen. Die heiße Suppe mit dem Mixstab pürieren, dann Parmesan hineinreiben. Noch einmal abschmecken und auf Suppenschalen bzw. tiefe Teller verteilen. Jeweils noch einen Klecks Crème fraîche in die Suppe geben, pfeffern und mit Schwung kreisförmig einen dünnen Strahl Olivenöl hineingießen.

Für 4–6 Personen
1,5 kg Muskatkürbis, geschält, entkernt und grob gewürfelt
1 Zwiebel, halbiert und in Scheiben geschnitten
2 Kartoffeln, geschält und geviertelt
Olivenöl
Salz und Pfeffer
Parmesan nach Geschmack
Crème fraîche

SUGO DI POMODORI — *Tomatensauce (Grundsauce)*

Ob im Norden oder im Süden – eine gute Tomatensauce ist das A und O der italienischen Küche. Je nach Bedarf kann die Grundsauce für verschiedene Gerichte verwendet und entsprechend verfeinert werden. Mit Oregano kommt sie auf den Pizzateig, Speck macht sie zur Amatriciana und mit Peperoni hat man schnell Penne all' Arrabiata auf dem Teller. Natürlich lässt sie sich auch mit Kräutern wie Salbei, Rosmarin und Thymian, Gemüsen wie Karotten und Sellerie oder Zutaten wie Kapern, Sardellen und Oliven in jede gewünschte Richtung ausbauen. Kurzum: Ist ein guter Sugo di Pomodori im Haus, muss niemand lange hungern. Nicht zu vernachlässigen ist die Bedeutung des Zuckers, mildert er doch die Säure der Tomaten ab und macht so den Sugo rund.

Das Olivenöl in einem Topf erhitzen, die Zwiebel und den Knoblauch darin glasig dünsten. Die Tomaten zugießen, salzen, pfeffern und mit ein bisschen Zucker abschmecken. Die Sauce eine gute Stunde köcheln lassen. Vom Herd nehmen, etwas abkühlen lassen, das Basilikum zugeben und pürieren.

1 kräftiger Schluck Olivenöl
1 Zwiebel, halbiert und in Streifen geschnitten
1 Knoblauchzehe, in Scheiben geschnitten
1 l passierte Tomaten
Salz, Pfeffer und Zucker
einige Basilikumblätter

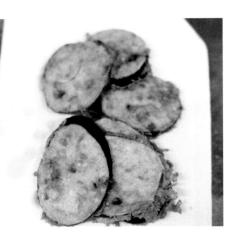

MELANZANE FARCITE — *Gefüllte Auberginen*

Der Name dieser Vorspeise trügt. Tatsächlich werden die Auberginen nämlich nicht gefüllt, sondern in Scheiben geschnitten, in Mehl und Ei gewendet, in Öl frittiert, belegt und gratiniert. »Belegte« Auberginen würde also besser passen. Jedenfalls schafft es die italienische Küche auch bei diesem Gericht – wie bei Caprese oder dem Eis-Klassiker Dolomiti –, ihre Nationalfarben kulinarisch in Szene zu setzen. Was die Frage aufwirft, ob es eigentlich ein deutsches Gericht in Schwarz-Rot-Gold gibt. Etwa angebrannte Bulette mit Kartoffelpüree und Rotkraut?

Die Auberginen leicht schräg in etwa ein Zentimeter dicke Scheiben schneiden. Die schmalen Enden entfernen. Das Mehl auf einen Teller geben, die Eier in einer Schüssel verkleppern und kräftig salzen. 16 Auberginenscheiben zuerst in dem Mehl, dann im Ei wenden. In einer großen Pfanne das Öl erhitzen und die Auberginenscheiben darin bei mittlerer Hitze nach und nach von beiden Seiten braten. Dabei nicht am Öl sparen. Sind die Scheiben knusprig, herausnehmen und auf Küchenpapier abtropfen lassen.

Die Auberginenscheiben auf ein Blech legen. Auf jede Scheibe etwas Tomatensauce streichen, jeweils eine dünne Scheibe Mozzarella darauflegen und das Ganze bei maximaler Temperatur (Oberhitze oder auch Grill) für einige Minuten in den Backofen schieben, bis der Mozzarella geschmolzen ist. Jeweils vier Scheiben auf einem Teller anrichten. Jede mit einer dünn gehobelten Scheibe Parmesan und einem großen Blatt Basilikum belegen. Balsamico über die Auberginen träufeln, den restlichen Parmesan reiben und darüberstreuen.

Für 4 Personen
2 Auberginen
80 g Mehl
3 Eier
Salz
etwa 150 ml Pflanzenöl
100–150 ml Tomatensauce
(siehe Seite 49)
150 g Mozzarella, in dünne Scheiben geschnitten
etwa 50 g Parmesan, am Stück
16 Basilikumblätter
dunkler Balsamico

Grün-Weiß-Rot, die Italiener verstehen es, ihre Nationalfarben kulinarisch in Szene zu setzen.

ORECCHIETTE ALLA MUSTAZZ —
Öhrchennudeln nach Bauernart mit Wildbrokkoli

Jetzt wird es so apulisch wie es apulisch nur sein kann: Orecchiette sind nämlich die Pastaspezialität Apuliens und das Symbol der Stadt Bari – der Heimat der Rennas. Auch der leicht bitter schmeckende Wildbrokkoli, auf Italienisch Cima di Rapa und in Deutschland unter dem Namen Stängelkohl bekannt, wird vor allem am Absatz des italienischen Stiefels verzehrt. Und so ist es kein Wunder, dass Orecchiette con Cima di Rapa der Nudelklassiker Apuliens schlechthin ist – und eben auch auf der Karte des Bella Donna steht. Dort werden die Orecchiette übrigens selbst hergestellt, aus Hartweizengrieß, Wasser und Salz und vor allem mit der nötigen Fingerfertigkeit. Da es viel Übung erfordert, um aus Teig Öhrchen werden zu lassen, sind hier gekaufte Orecchiette aufgeführt. Wer keinen Wildbrokkoli bzw. Stängelkohl auftreiben kann – Tipp: In der Frankfurter Kleinmarkthalle wird man an den italienischen Gemüseständen fündig –, weicht auf Mangold, Spinat oder Brokkoli aus.

Von dem Stängelkohl die hohlen, holzigen und sehr dicken Stängel entfernen, ebenso welke und gelbe Blätter sowie bereits geöffnete Blüten – all das geht an den Hasen. Die Rennas gönnen sich und ihren Gästen gar den Luxus, nur die Blüten und kleinen zarten Blätter aus dem Herzen des Kohls zu verwenden – wodurch eine große Kiste Cima di Rapa im Nu auf drei Handvoll Gemüse zusammenschrumpft. Ganz so streng braucht man allerdings nicht zu sein. Die verbliebenen Blätter, Stängel und Blüten waschen, grob schneiden und in einen Topf mit kräftig gesalzenem Blanchierwasser geben. Die Orecchiette hinzufügen und mitkochen, bis sie fast al dente sind. Dann abschütten, dabei einen Teil des Blanchier- bzw. Kochwassers auffangen.

Parallel dazu in einer großen Pfanne reichlich Olivenöl erhitzen und den Knoblauch bei mittlerer Temperatur Farbe nehmen lassen. Die Sardellenfilets zugeben. Soll es leicht scharf schmecken, eine in Ringe geschnittene Peperoni mitbraten. Die Nudeln samt Gemüse in die Pfanne geben, Teile des aufgefangenen Wassers zugeben – das Ganze darf ruhig satt nass sein. Alles gut durchschwenken, mit Salz und Pfeffer abschmecken und heiß in tiefe Teller geben. Parmesan darüberstreuen? Felice Renna sagt nein. Aber wer will, kann natürlich.

Für 4 Personen
1 – 1,5 kg Wildbrokkoli / Stängelkohl
Salz und Pfeffer
400 – 500 g Orecchiette (Öhrchennudeln)
1 kräftiger Schluck Olivenöl
6 – 8 Knoblauchzehen, in Scheiben geschnitten
10 Sardellenfilets, in Stücke geschnitten
evtl. 1 Peperoni

TAGLIATELLE AL RAGÙ — *Bandnudeln mit Hackfleischsauce*

»Al Ragù« klingt einfach besser als Hackfleischsauce. Dieses Ragù, ein Klassiker aus der Emilia-Romagna, eignet sich auch bestens für eine Lasagne alla Bolognese. Im Bella Donna kommt mitunter die Wildvariante auf den Tisch. Hierfür wird Hirsch- oder Wildschweinfleisch mit dem Gemüse und dem Lorbeer 24 Stunden in Rotwein eingelegt und anschließend durch den Fleischwolf gedreht. Alles Weitere läuft ab wie hier beschrieben, nur kommt auf jeden Fall Tomatenmark in die Pfanne und die Kochzeit erhöht sich auf drei bis vier Stunden.

Die Tomaten mit heißem Wasser übergießen, die Haut abziehen und würfeln. Das Olivenöl in einer großen Pfanne erhitzen und das Gemüse (ohne die Tomaten) darin andünsten. Das Fleisch zugeben und krümelig braten. Soll die Sauce eine scharfe Note bekommen, eine geschnittene Peperoni mitbraten. Wer will, kann Tomatenmark hinzufügen und das Ganze mit Rotwein ablöschen. Im Bella Donna spart man sich das und löscht mit den Tomatenwürfeln ab. Die Kräuter in die Pfanne geben, salzen, pfeffern und zuckern. Einen Deckel auf die Pfanne legen und die Sauce zwei bis zweieinhalb Stunden köcheln lassen. Gelegentlich umrühren, bei Bedarf etwas Flüssigkeit – Rotwein, Brühe, Leitungs- oder Nudelwasser – nachgießen. Noch einmal abschmecken.

Hat das Warten bald ein Ende, die Tagliatelle in Salzwasser al dente kochen. Abgießen, in die Pfanne zu dem Ragù geben und gut durchmischen. Das Ganze auf Teller verteilen und mit frisch geriebenem Parmesan bestreuen.

Für 4 Personen
500 g aromatische vollreife Tomaten
1 kräftiger Schluck Olivenöl
1 mittelgroße Karotte,
1 Zwiebel und
2 Stangen Sellerie, alles fein gewürfelt
500 g gemischtes Hackfleisch
(Rind, Kalb und Lamm)
evtl. Peperoni
evtl. Tomatenmark und Rotwein
2 Lorbeerblätter
Thymian und Petersilie, entstielt
und fein geschnitten
Salz und Pfeffer
1 Prise Zucker
400–500 g Tagliatelle (oder Pappardelle)
Parmesan zum Bestreuen

AGNELLO GRATINATO SCOTTADITA —
Gratiniertes Lammcarrée mit Senf-Parmesan-Kruste

Manche Leute pilgern vor allem dann ins Bella Donna, wenn sie die Lust auf ein ordentliches Stück Fleisch treibt (der Grafiker dieses Buches ist so ein Fall). Beste Qualität, üppige Portionen, geradlinig zubereitet – so wie bei diesem Lammcarrée. Der Senf von oben und die scharfe Tomatensauce von unten geben dem Genuss von innen noch ziemlich rotem Lammfleisch einen zusätzlichen Kick.

Die Lammcarrées von Haut und Sehnen befreien. In einer schweren Pfanne Olivenöl erhitzen und die Carrées darin kurz von allen Seiten scharf anbraten, dabei salzen und pfeffern. Das Fleisch aus der Pfanne nehmen. Die Oberseite zunächst mit Senf bestreichen, dann mit Parmesan und danach mit Paniermehl bestreuen. Schließlich mit Olivenöl beträufeln. Die Carrées auf ein Blech legen und für zwölf Minuten in den auf 130 Grad vorgeheizten Backofen geben.

In dieser Zeit die Sauce zubereiten – die Basis bildet die weiter vorne beschriebene Tomatensauce, die noch einmal aufgepeppt wird. Hierzu Olivenöl in einer Pfanne erhitzen. Tomaten, Knoblauch und Peperoni darin anschwitzen. Die Tomatensauce dazugeben und einige Minuten köcheln lassen. Zum Schluss noch frischen Basilikum hinzufügen. Die Sauce auf vier flache Teller verteilen. Die Lammcarrées aus dem Ofen nehmen, halbieren und auf die Saucenspiegel setzen. Dazu passen Weißbrot und ein guter roter Landwein. Felice Renna schwört zum Lamm auf einen Primitivo.

Für 4 Personen
Fleisch
2 Lammcarrées à 400–500 g
Olivenöl zum Anbraten
Salz und Pfeffer
Senf
Parmesan, gerieben
Paniermehl

Arrabiata-Sauce
3 EL Olivenöl
4 Cherrytomaten, geviertelt
2 Knoblauchzehen, in Scheiben geschnitten
1 rote Peperoni, in Ringe geschnitten
8 Schöpfkellen Tomatensauce (siehe Seite 49)
½ Handvoll Basilikumblätter, fein geschnitten

ZABAIONE BELLA DONNA — *Marsala-Weinschaumcreme »mit Musik«*

Wer das Bella Donna für einen ganz normalen Italiener hält, der war noch nie dabei, wenn ein Gast eine »Zabaione mit Musik« bestellt hat. Denn mit ein bisschen Glück gerät dann das süditalienische Temperament in Schwingung und der Vorhang geht auf: Aus dem Lautsprecher dröhnt der vor 20 Jahren von Felice Rennas Onkel kreierte Zabaione-Song und in der Küche wird unter viel Geschrei Ei, Marsala, Wein und Zucker im heißen Dampf des Nudelkochers geschlagen. Und dann geht sie los, die Italo-Polonaise: Die halbe Belegschaft zieht – singend und mit Küchenutensilien aller Art klappernd – durch das Lokal und serviert die Zabaione im Anschlagtopf, natürlich in einem Volumen, das eine Kleinfamilie locker satt macht. Fröhliche Gemüter können das zu Hause ja auch einmal so zelebrieren. Aber das wäre dann vermutlich Folklore. Noch ein Einkaufstipp: Cremovo ist ein mit Eigelb angereicherter Marsala. Nimmt man normalen Marsala, kann man ruhig ein Eigelb mehr aufschlagen.

Für 1 Bella-Donna-Portion
3 Eigelb
3 TL Zucker
1 cl Weißwein
5 cl Marsala Cremovo

Das Eigelb mit dem Zucker in eine Metallschüssel geben und im Wasserbad mit dem Schneebesen oder einem Elektroquirl aufschlagen. Nach und nach den Wein und den Marsala zugießen, dabei immer weiter kräftig schlagen. Die Eier beginnen zu stocken, die Masse wird dickschaumig und steigt im Topf auf. Sie muss ihr Volumen mindestens verdoppeln. Die noch warme Schaumcreme – das ist der Bella-Donna-Style – mit Kakao bestreuen und in der Schüssel bzw. dem Anschlagtopf servieren. Man kann sie aber auch in Gläser oder Schalen gießen. Statt im Wasserbad kann man die Creme auch in einem dickwandigen Topf bei niedriger Hitze direkt auf dem Herd aufschlagen. Dabei gerinnt sie allerdings leichter.

PANNA COTTA CON PASSATA DI FICHI — *Panna Cotta mit Feigensauce*

Auch mit diesem Gericht beweisen die Rennas, dass weniger manchmal mehr sein kann. Im Gegensatz zu den meisten Rezepten für Panna Cotta kochen sie die Sahne nicht eine Viertelstunde lang ein, sondern nur einmal auf. Und vor allem verwenden sie nicht einmal ein Viertel der ansonsten üblichen Zuckermenge. Der Effekt dieser Veränderungen: Die Konsistenz ist weniger geleeartig-glatt als bei anderen Panna Cotta, sondern eher cremig. Und da sie nur ganz leicht gesüßt ist, treten der Geschmack von Sahne und das Vanillearoma deutlicher hervor. Die Feigensauce wird im Bella Donna übrigens nicht selbst gemacht. Skandal? Von wegen, schließlich lassen sich die Rennas eine erstklassige Sauce von einem Hersteller aus einem kleinen Dorf in Apulien exklusiv liefern. Weil aber nicht jeder über solche guten Verbindungen verfügt, hier eine Version für eine selbst zubereitete Sauce.

Die Gelatine in kaltem Wasser einweichen. Die Sahne mit dem Zucker und dem Vanillemark in einen Topf geben, langsam erhitzen und einmal aufkochen lassen. Die Gelatine aus dem Wasser nehmen, gut ausdrücken und in die heiße (nicht mehr kochende!) Sahne geben, dabei gut rühren, sodass sie sich vollständig auflöst. Die Sahne in kalt ausgespülte Förmchen gießen und für mindestens zwei Stunden kalt stellen. Die Feigen in kleine Stücke schneiden und mit den übrigen Zutaten in einem Topf zum Kochen bringen. 15 Minuten köcheln lassen, vom Herd nehmen und kurz pürieren. Zum Servieren die Panna Cotta auf Teller stürzen und mit der Sauce anrichten.

Für 6 Personen

Panna Cotta
6 Bl. Gelatine
1 l Sahne
3–4 TL Zucker
Mark von 1–2 Vanilleschoten

Feigensauce
3 reife Feigen, entstielt
130 ml Wasser
2 EL Zucker
1 TL Zitronensaft
2 EL Honig

VIETNAMESISCHE KÜCHE

Binh Minh

Fast könnte man meinen, dass sich das Binh Minh versteckt. Verborgen hinter dichtem Bambus, duckt es sich im Erdgeschoss unter die Balkone eines Wohnhauses in der Ostendstraße, ein für Feinschmecker eher unbeschriebener Fleck auf der Stadtkarte. Aber auch diese versteckte Perle ist nach und nach entdeckt worden. Kürzlich ist das Binh Minh sogar mit dem Gastro-Award als bestes asiatisches Restaurant Hessens ausgezeichnet worden. Geheimtipp im Ostend, das war einmal.

Ganz neu ist das Binh Minh, auf Deutsch »Morgenröte«, nicht. Seit seine Gründer vor etwas mehr als zwei Jahren zurück nach Vietnam gegangen sind, ist die Familie Nguyen am Zug – Huong als Küchenchefin, Tochter Tam als Inhaberin und Bruder Duc als Servicechef. Zusammen führen sie ein Restaurant, das sich von den gängigen Südostasien-Klischees verabschiedet hat. Hier wird nicht nur freundlich gelächelt, sondern auch mal herzhaft gelacht. Keine Andeutung einer Bambushütte, keine leisen Frauen in engen Seidenkleidern, kein Aquarium mit Südseefischen. Die Einrichtung besinnt sich auf klare Formen und wenig Farben, schwarz, weiß und rot, die Farbe der aufgehenden Sonne. Reduziertes Design, weise Entscheidung.

Für die Speisen ist Huong Nguyen zuständig. Ihre Tochter Tam versichert, dass sie im Binh Minh genau so kocht wie für die Familie – nur weniger scharf. Überhaupt kocht Huong Nguyen eigentlich immer und immer schon. Professionell ging es 1986 los, bei ihrer Schwester im Chi-Lang in Bockenheim, dem ersten »Vietnamesen« Frankfurts. Kurz nach der Wende eröffnet sie im Osten der Republik gleich zwei Restaurants. Weil aber der Osten nicht so blüht wie versprochen, geht sie nach Stuttgart und führt dort zehn Jahre lang das Mekong. Dann wird ihre Tochter in Frankfurt schwanger und sie kehrt an den Main zurück. Als Oma und als Küchenchefin im neuen Familienbetrieb Binh Minh. Viele Ortswechsel, aber alles nur Kleinigkeiten im Vergleich zu der Reise, die sie mit Mitte 20 auf sich genommen hat.

Aufgewachsen ist sie in Saigon. Weil ihr Vater im Vietnamkrieg Offizier der südvietnamesischen Armee war, brechen für die Familie nach dem verlorenen Krieg unruhige Zeiten an. Huong und ihr Mann beschließen, das Land zu verlassen. Das junge Paar mit ihrer dreijährigen Tochter kratzt sein Geld zusammen, um einen Platz auf einem Flüchtlingsboot zu ergattern. Ziel: der Westen. Der Weg: die Hoffnung auf ein Schiff wie die Cap Anamur, die damals vor der Küste kreuzen, um die »Boat People« aufzunehmen. Doch der Plan kentert. Denn statt auf die Cap Anamur stoßen sie auf Piraten. Die nehmen ihnen die letzte Habe ab und setzen sie in Indonesien aus. Von dort starten sie einige Monate später den nächsten Anlauf. Diesmal klappt es, ein internationales Rettungsboot bringt die junge Familie nach Deutschland.

30 Jahre ist das jetzt her. Geblieben ist die Willenskraft. So herzlich wie Huong Nguyen in der Küche mit ihrem Team ist, so akribisch ist sie bei der Zubereitung der Speisen. Ein normaler Tag von Huong Nguyen sieht so aus: In aller Frühe ist sie zur Stelle, um sich um die Enkelin zu kümmern oder das Frühstück zuzubereiten. Spätestens um 9 Uhr bricht sie auf, um für das Binh Minh einzukaufen. Dann schnell in die Ostendstraße, wo sie Vorbereitungen trifft und ab 12 Uhr die Mittagsgäste bekocht. Während am Nachmittag alle anderen Pause machen, steht sie in der Küche, zu tun gibt es ja immer etwas. Irgendwann nach 24 Uhr kommt sie nach Hause. Schläft sie dann? »Nein«, erzählt die Tochter, »dann schaut sie chinesische TV-Soaps.«

HU TIÊU NUOC
»Saigoner Frühstück« – Traditionelle Reisnudelsuppe

GOI CUÔN CHAY
Vegetarische Sommerrollen mit frischen Kräutern

SALAT KHÓM
Pikanter Ananassalat mit Gemüse, Kräutern und Erdnüssen

★

TÀU HU NHÔI SÃ
Mit Zitronengras gefüllter Tofu auf Gemüse aus dem Wok

CÁ LACHS KHO TÔ
Geschmortes Lachsfilet in Pfeffersauce

VIT XÀO CÀ RI NUÓC DÙA
Gewürz-Ente in Curry-Kokosmilch mit Litschis

★

CHUÔI CHUNG
In Kokosnusscreme gekochte Banane mit Tapioca-Perlen

BÁNH CAM
Frittierte Sesambällchen

Übersetzt heisst Binh Minh Morgenröte. Das passt: Die Sonne geht im Osten auf und das Binh Minh ist im Ostend.

In Vietnam steht in fast jedem Haushalt immer ein großer Topf mit Brühe auf dem Herd. Denn Suppen gibt es morgens, mittags, abends. Kein Land für Suppenkasper.

HU TIÊU NUOC — »Saigoner Frühstück« – Traditionelle Reisnudelsuppe

Suppenkasper hätten es schwer in Vietnam, denn hier wird gerne Suppe gegessen – morgens, mittags und abends. Im Norden eine kräftige Rinderbrühe mit vielen Gewürzen, im Süden eher leichtere Hühner- oder Fischbrühen mit Kräutern. Natürlich schmeckt das »Saigoner Frühstück« am besten, wenn man die Brühe frisch zubereitet. In Vietnam ist das selbstverständlich. So steht in den meisten Haushalten immer ein großer Topf mit Brühe auf dem Herd. Das Besondere an der vietnamesischen Suppenzubereitung: Anders als bei europäischen Suppen, bei denen die Zutaten meist zusammen kochen, werden hier die einzelnen Elemente separat vorbereitet bzw. gegart. Erst zum Servieren kommt eins zum anderen.

Bevor man das Saigoner Frühstück zu sich nehmen kann, sind einige Vorbereitungen nötig. Zunächst muss das Schweinefilet mariniert und gegart werden. Dazu aus Fisch- und Sojasauce, Zucker, Honig, Pfeffer und Knoblauch eine Marinade rühren und das rohe Filet darin für einige Stunden einlegen. Danach wird es in einer Pfanne mit Pflanzenöl von allen Seiten angebraten. Nach einigen Minuten – die Flamme sollte nicht zu heiß sein – etwas Hühnerbrühe in die Pfanne geben und das Filet noch 15 Minuten auf kleinem Feuer garen. Die Garnelen einige Minuten in heißem Wasser garen (es muss nicht kochen). Färben sich die Meeresbewohner rosa und treiben sie an die Wasseroberfläche, sind sie gut. Auch die Reisbandnudeln werden zusammen mit den Sojasprossen kurz in Wasser gegart.

Die letzten Schritte bis zum Frühstück sind schnell getan. Nudeln und Sprossen auf vier Suppenschalen verteilen. Das Schweinefilet in dünne Streifen schneiden und darauflegen – etwa drei Scheiben pro Person –, ebenso die Garnelen. Obenauf kommen die Frühlingszwiebeln. Die Hühnerbrühe aufkochen, mit einigen Spritzern Sesamöl aromatisieren und mit Zucker, Fischsauce, Salz und Pfeffer abschmecken. Heiß über die Zutaten in den Schalen gießen. Mit Koriander und Röstzwiebeln garnieren. Guten Morgen, östliche Sonne.

Für 4 Personen

Fleischeinlage
200 g Schweinefilet
3 EL Fischsauce
1 EL Sojasauce
2 EL Zucker
1 EL Honig
½ TL schwarzer Pfeffer
1–2 Knoblauchzehen, gerieben
Pflanzenöl zum Anbraten

Suppe
4–8 Garnelen, gekocht und geschält
200 g Reisbandnudeln
4 Handvoll Sojasprossen
2 Frühlingszwiebeln, geputzt und in feine Ringe geschnitten
1 l Hühnerbrühe (Hühnerfleisch oder Knochen in Wasser gekocht)
etwas Sesamöl
Zucker, Fischsauce, Salz und Pfeffer, nach Geschmack
½ Bd. frischer Koriander, geschnitten
4 TL Röstzwiebeln

GOI CUÔN CHAY — *Vegetarische Sommerrollen mit frischen Kräutern*

Sofern die Namen Sinn machen, ist es wohl so: Im Frühling werden Rollen in Vietnam frittiert, im Sommer kommen sie kalt und mit vielen frischen Kräutern gefüllt auf den Tisch. Kalorienarme, gesunde und vor allem äußerst leckere Kost. Vegetarisch müssen die Rollen natürlich nicht bleiben, statt Tofu kann man auch klein geschnittenes Schweinefleisch und Garnelen verwenden. Die Rollen dippt man je nach Geschmack in aromatisierte Hoisin- oder Fischsauce (siehe Seite 66). Wer Gäste zum Essen bekommt und es sich einfach machen will, geht so vor: Einfach die vorbereitete Füllung und die übrigen Zutaten auf den Tisch stellen, sagen, dass das in Vietnam so üblich sei, und die Gäste selbst basteln lassen. Das macht Spaß, spart Arbeit und schießt Fondue und Raclette als Event-Essen endgültig aus dem Rennen.

Zunächst wird die Füllung zubereitet: Die Morcheln in kaltem und die Glasnudeln in heißem Wasser einweichen, bis sie weich sind. Beides abtropfen lassen, die Morcheln klein schneiden. Das Pflanzenöl im Wok oder in einer Pfanne erhitzen. Die Zwiebel- und die Tofuwürfel, die Karottenstifte und den Knoblauch darin anschwitzen, dann auch die Morcheln und die Glasnudeln zugeben. Gut durchschwenken. Mit den übrigen Zutaten würzen und abschmecken.

Nun wird gefüllt und gerollt: Hierzu die Arbeitsplatte frei räumen und alle Zutaten bereitstellen. Ein Reispapierblatt für etwa 30 Sekunden in eine Schüssel mit warmem Wasser legen, bis es weich und formbar ist. Das Blatt auf die Arbeitsplatte legen und zwei Esslöffel Füllung daraufgeben, mittig in einem vertikalen Streifen. Salat, Sojasprossen und Kräuter obenauf setzen. Das untere Ende des Reispapierblattes über die Füllung klappen, die Seiten einschlagen und das Ganze nach oben hin aufrollen. Die übrigen Reispapierblätter auf die gleiche Weise rollen. Gegessen werden die Sommerrollen, indem man sie in eine Sauce nach Wahl dippt und einfach abbeißt. Im Binh Minh wird zu der hier beschriebenen vegetarischen Variante aromatisierte Hoisin-Sauce gereicht – einmal umblättern, bitte.

Für 6 Rollen
Füllung, gedünstet
4 getrocknete Morcheln
60 g Glasnudeln
2 EL Sonnenblumenöl
1 mittelgroße Zwiebel und
130 g Tofu, fein gewürfelt
1 Karotte, fein gestiftet
1 Knoblauchzehe, gerieben
je 1 EL Sesam- und dunkle Sojasauce
1 EL Zucker
je ½ TL Salz und weißer Pfeffer

6 Bl. rundes Reispapier (22 cm Durchmesser)
1–2 Handvoll Salat (Chinakohl, Eisbergsalat o. ä.), fein in Streifen geschnitten
1–2 Handvoll Sojasprossen
frische Kräuter wie Thaibasilikum, Minze und Koriander, entstielt

Wer es sich einfach machen will, lässt die Gäste selbst rollen. Und immer daran denken: Die erste Rolle ist die schwierigste.

Der erste Eindruck kann täuschen: Fischsauce, das vietnamesische Salz in der Suppe, schmeckt gar nicht so übel wie sie riecht.

AROMATISIERTE SAUCEN — *Fischsauce und Hoisin-Sauce à la Binh Minh*

Hoisin-Sauce ist eine rotbraune und dickflüssige Würzsauce mit scharf-süßlichem Geschmack. Hergestellt wird sie aus fermentierter Sojabohnenpaste, getrockneten Chilis, Sesam, Sojasauce, gesalzenem Pflaumenmus, fermentiertem roten Tofu, Knoblauch und Gewürzen. Im Binh Minh wird die Basissauce aromatisiert, indem Limettensaft und etwas Wasser untergemischt werden, der Zucker darin aufgelöst und noch mehr Chili zugegeben wird.

Fischsauce wird in Vietnam und in Thailand eingesetzt wie Sojasauce in Ostasien: als Würze für fast alles. Das Eigentümliche ist: Fischsauce riecht anders als sie schmeckt. Strenger Fischduft für die Nase, Salz für die Zunge. Man könnte auch sagen: Sie schmeckt gar nicht so übel wie sie riecht. Bei der Herstellung werden Fische oder Garnelen in Salz eingelegt, sie fermentieren und der dabei entstehende Saft wird aufgefangen. Als Würzmittel, das nicht nur würzt, sondern auch die Aromen der anderen Zutaten hebt, ist sie eine Allzweckwaffe in der südostasiatischen Küche. Zum Dippen wird die Fischsauce allerdings aromatisiert. Und das geht so: Die Fischsauce mit dem Limettensaft und dem heißen Wasser vermischen. Den Zucker zugeben. Rühren, bis er sich aufgelöst hat. Nun noch Chili und Knoblauch hinzufügen.

Hoisin-Sauce à la Binh Minh
100 ml Hoisin-Basis (gibt es im Asia-Laden)
Saft von ½ Limette
1–2 EL heißes Wasser
1 EL Zucker
1 kleine rote Chili, sehr fein geschnitten

Fischsauce à la Binh Minh
100 ml Fischsauce
50 ml Limettensaft
100 ml heißes Wasser
125 g Zucker
1 EL sehr fein geschnittene rote Chili
1 EL sehr fein geschnittener Knoblauch

SALAT KHÓM — *Pikanter Ananassalat mit Gemüse, Kräutern und Erdnüssen*

Fruchtig-süße Ananas, leicht scharfe Zwiebeln, knackige Rohkost und Kräuter – dieser Salat setzt ein Aromenspiel in Gang, das den Gaumen fordert und erfreut. Ein Gericht, das strahlen lässt. Seine Frische verdankt der Salat nicht zuletzt den Blättern der Kaffir-Limette mit ihrer pikant-zitronenartigen Note. Die Zubereitung des Salates ist einfach. Wie so oft in der asiatischen Küche ist die Vorbereitung schon das halbe Rezept.

Zunächst die Erdnüsse in der Pfanne rösten und dann grob hacken. Die Gemüse, die Ananas und die Kräuter wie angegeben vorbereiten, in eine große Schüssel geben und vermischen. Mit Zucker, Salz und Fischsauce würzen, mit Limettensaft abschmecken und noch einmal gut durchmischen. Die Tofuscheiben kurz in heißem Pflanzenöl frittieren. Abtropfen lassen, in Würfel schneiden und zu dem Salat geben. Diesen nach Lust und Laune schärfen – mit fein geriebener frischer Chili oder mit Chilisauce oder mit beidem. Und der letzte Handgriff: Mit den Erdnüssen garnieren.

Für 4 Personen
1–2 Handvoll Erdnüsse
2 rote Zwiebeln, in feine Ringe geschnitten
3 Stangen Staudensellerie, in schmale Streifen geschnitten
Fruchtfleisch von 1 kleinen Ananas, gewürfelt
½ rote Paprika, entkernt und in Streifen geschnitten
2 Tomaten, geachtelt
½ Gurke mit Schale, erst in Scheiben, dann in Streifen geschnitten
Basilikum, Minze und 4 Kaffir-Limettenblätter, in feine Streifen geschnitten
3 EL Zucker und 2 TL Salz
2 EL Fischsauce
Saft von 2 Limetten
200 g Tofu in 8 Scheiben geschnitten
Pflanzenöl zum Frittieren
evtl. frische Chili oder Chilisauce

TÀU HU NHÔI SÃ — *Mit Zitronengras gefüllter Tofu auf Gemüse aus dem Wok*

Dass Tofu gesund ist, weiß man. Dass er nach nicht allzu viel schmeckt, meinte man auch lange zu wissen. Aus Biosupermärkten und Reformhäusern kennt man inzwischen aber auch Varianten mit etwas Pepp – sei es mit Kräutern oder Pilzen, sei es geräuchert. Im Binh Minh wird der gepresste Sojabohnenquark (hier übrigens immer Bio) zur Abwechslung mal gefüllt, bevor er in den Wok kommt. Mit Zitronengras, Glasnudeln und Knoblauch. Der Vorteil am aromatischen Inhalt: Der natürlichen Geschmacksarmut des Tofu wird in diesem Fall von innen wie von außen begegnet.

Aus dem Tofublock zwölf Rechtecke schneiden (also drei pro Person), die mindestens zwei bis drei Zentimeter dick sind – andernfalls wird das Füllen schwierig. Diese horizontal ein-, aber nicht durchschneiden. Für die Füllung die zuvor eingeweichten und abgetropften Glasnudeln mit dem Zitronengras, dem Knoblauch, der Chili, Salz und Zucker vermischen und abschmecken. Die Mischung vorsichtig per Hand in die Tofustücke füllen. Diese werden dann nach und nach in heißem Pflanzenöl frittiert, bis sie Farbe genommen haben. Am besten legt man sie dabei auf eine Schöpfkelle. Auf das Frittieren kann man auch verzichten, allerdings intensiviert es den Geschmack.

Für die Beilage die Mu-Err-Pilze mindestens 30 Minuten einweichen (das Wasser dabei mehrfach wechseln), abtropfen lassen und in feine Streifen schneiden. Dann die Blumenkohl- und Brokkoliröschen blanchieren. Jetzt geht es an den Herd: Im Wok oder in einer beschichteten Pfanne das Öl erhitzen und den Knoblauch anschwitzen. Alle Gemüse und Pilze hineingeben und durchschwenken. Mit Sambal Oelek und Hoisin-Sauce würzen und mit Brühe ablöschen. Kurz köcheln lassen. Zum Schluss die Sojasprossen zugeben und mit Sojasauce abschmecken. Damit die Sauce etwas bindet, gibt Huong Nguyen noch etwas Kartoffelmehl an die Sauce. Das Gemüse und die Tofustücke auf Tellern anrichten. Als Beilage gibt es – natürlich – Reis.

Für 4 Personen

Gefüllter Tofu
etwa 800 g Tofu
50 g Glasnudeln, in heißem Wasser eingeweicht
1 EL eingelegtes Zitronengras
(oder 1–2 Stangen frisches Zitronengras, sehr fein geschnitten)
1 rote Chili und
1 Knoblauchzehe, fein gerieben
je 1 TL Zucker und Salz
Pflanzenöl zum Frittieren

Gemüse
4 getrocknete Mu-Err-Pilze
(gibt es im Asia-Laden)
je 6 Brokkoli- und Blumenkohlröschen
2 EL Sonnenblumenöl
1 Knoblauchzehe, fein gerieben
8 braune Champignons, halbiert
1 Zwiebel und
4 Frühlingszwiebeln, in Ringe geschnitten
1 TL Sambal Oelek
1 EL Hoisin-Sauce
300 ml Hühner- oder Gemüsebrühe
2 Handvoll Sojasprossen
Sojasauce
evtl. Kartoffelmehl

CÁ LACHS KHO TÔ — *Geschmortes Lachsfilet in Pfeffersauce*

Dieses Gericht ist eine sichere Bank: Mit minimalem Aufwand kommt eine leckere Hauptspeise auf den Tisch. Der einzige Haken: Original ist das Ganze nur, wenn man den Lachs in kleinen Tontöpfchen mit Deckel auf dem Herd schmort. Die aber besitzt nun mal nicht jeder. So schlimm ist das allerdings nicht, eine beschichtete Pfanne mit Deckel tut es auch. Es muss ja auch nicht immer alles authentisch sein.

Das Lachsfilet in mundgerechte Stücke schneiden. Den Zucker in einem Tontopf oder in einer großen beschichteten Pfanne erhitzen, bis er anfängt zu karamellisieren. Die Lachsstücke in die Pfanne geben und in dem Zucker wenden. Die übrigen Zutaten – von Knoblauch bis Sojasauce – dazugeben und durchschwenken. Schließlich die Hühnerbrühe zugießen und aufkochen. Nun die Hitze reduzieren und einen Deckel auf die Pfanne legen. Den Lachs etwa 15 Minuten schmoren lassen. Der Fisch gart durch und die Flüssigkeit köchelt zu einer sämigen Sauce ein. Am Ende die Frühlingszwiebeln auf den Lachs geben, noch einmal kurz den Deckel auf die Pfanne legen, sodass die Zwiebeln leicht anschwitzen. Das war es schon. Als Beilage gibt es – natürlich – Reis.

Für 4 Personen
800g Lachsfilet, enthäutet
4 EL Zucker
2 Knoblauchzehen, fein geschnitten
8 EL Fischsauce
1–2 TL weißer Pfeffer
40 (etwa 1 TL) grüne Pfefferkörner
2 EL dunkle Sojasauce
1 Schöpfkelle Brühe
4 Frühlingszwiebeln, geputzt und quer geviertelt

VIT XÀO CÀ RI NUÓC DÙA — *Gewürz-Ente in Curry-Kokosmilch mit Litschis*

Nein, die Ente wird bei diesem Gericht weder lackiert noch knusprig gebacken. Das ist aber kein Grund, den Kopf hängen zu lassen. Vor allem nicht, wenn man weiß, dass statt des bekannten Knuspergeschmacks zart gegartes Fleisch serviert wird, das nach weihnachtlichen Gewürzen duftet. Dazu noch Gemüse, Ananas und Litschis, der Geschmack von scharfem roten Curry und milder Kokosmilch – eigentlich hätte dieses Gericht den Namen »Ente Feuerwerk« verdient.

Zunächst werden die Entenbrüste aromatisiert und gegart. Hierzu aus Zimt, Sternanis, Koriander, Ingwer, Galgant, Salz, Zucker, Honig, Sojasauce und etwas Flüssigkeit eine Marinade herstellen, in der das Fleisch einige Stunden bzw. über Nacht ziehen muss. Anschließend die Entenbrüste aus der Marinade nehmen und bei 180 Grad im Ofen für zehn Minuten backen. Die gegarte Entenbrust abkühlen lassen und in Scheiben schneiden.

In einem Wok oder einer beschichteten Pfanne Öl erhitzen. Den Knoblauch kurz darin anbraten, die Entenstreifen zugeben und durchschwenken. Jetzt kommen die Gemüse und die Ananas in den Wok. Alles zusammen einige Minuten kräftig schwenken. Mit Fischsauce, Sour Paste und rotem Curry würzen. Mit Brühe ablöschen und mit Kokosmilch verfeinern. Das Gericht muss nun noch so lange im Wok bleiben, bis die Gemüse gar, aber noch bissfest sind. Zum Schluss kommen das Basilikum und die Litschis hinzu. Nicht mehr erhitzen, sondern nur noch kurz ziehen lassen und heiß servieren. Als Beilage gibt es – natürlich – Reis.

Für 4 Personen

Fleisch
2 Entenbrüste
Zimt
4–5 Sternanis-Samen und
2 TL Koriander-Samen, geröstet und
im Mörser zerstoßen
je 1 daumengroßes Stück Ingwer und
Galgant-Wurzel, in Scheiben geschnitten
1 TL Salz
je 1 EL Zucker, Honig und dunkle Sojasauce
etwas Flüssigkeit: Wasser oder Hühnerbrühe

Gemüse
2 EL Sonnenblumenöl
1 Knoblauchzehe, fein geschnitten
12 Baby-Maiskolben
8 Blumenkohlröschen, blanchiert
1 rote Zwiebel,
1 rote Paprika und
½ Dose Bambussprossen, in Scheiben geschnitten
Fruchtfleisch von ½ Ananas, gewürfelt
Fischsauce und Sour Paste
(gibt es im Asia-Laden) nach Geschmack
2 TL rotes Curry
1 Schöpfkelle Hühnerbrühe
8 EL Kokosmilch
1 Handvoll Thai-Basilikumblätter
8 Litschis, geschält und entkernt

Endlich darf die Litschi auch im Hauptgang einmal eine Rolle spielen statt wie so oft in die Nachtischecke abgeschoben zu werden.

CHUÔI CHUNG — *In Kokosnusscreme gekochte Banane mit Tapioca-Perlen*

Tapioca-Perlen werden aus den Wurzeln des Maniok-Strauchs gewonnen und dienen in Südostasien dazu, Süßspeisen oder Suppen zu verdicken. Da die »Japanperlen« hitzebeständig sind, liefern sie diesem Klassiker aus der Dessertkarte des Binh Minh nicht nur die gewünschte »Stärke«, sondern auch eine »perlige Struktur«. Bei der Zuckermenge besteht Spielraum – am besten schmeckt man ab, wie süß man es mag.

Die Tapioca-Perlen zunächst für zehn Minuten in Wasser einweichen, damit sie etwas quellen. Durch ein Sieb abschütten. Dann werden sie mit 300 ml Wasser, der Kokosmilch, dem Zucker und dem Salz in einem Topf erwärmt. Aufkochen lassen. Die Perlen verlieren dabei ihre milchweiße Farbe und werden klar. Die Bananen in etwa vier Zentimeter lange Stücke schneiden und in die heiße Masse geben. Noch einen Moment köcheln lassen, bis sie weich werden. Zum Servieren die Creme samt Perlen und Bananenstücken in vier Schalen füllen.

Für 4 Personen
80 g Tapioca-Perlen
(gibt es im Asia-Laden)
300 ml Wasser
400 ml Kokosmilch
2–3 EL Zucker
1 Prise Salz
4 reife Bananen

BÁNH CAM — *Frittierte Sesambällchen*

Sesambällchen, die auf Vietnamesisch »Kuchen wie Orangen« heißen, machen glücklich. Rund und süß sind sie der perfekte Abschluss für ein vietnamesisches Menü. Vor Ort werden sie eher als Zwischenmahlzeit genascht. Verkauft werden sie mit anderen Süßigkeiten in Geschäften oder direkt aus dem Bauchladen auf der Straße. Das Problem an den Dingern: Eins geht immer noch…

Zunächst den Teig für den Mantel der Bällchen anrühren. Hierzu Klebreismehl, Reismehl, Kartoffelpüreepulver und Backpulver in einer Schüssel vermischen. Den Zucker mit dem Wasser in einem zweiten Gefäß anrühren, bis er sich aufgelöst hat. Nun das Wasser Schluck für Schluck angießen und die Zutaten zu einem glatten, gut formbaren Teig kneten, der nicht mehr klebt. Bei Bedarf noch etwas Wasser oder Mehl zugeben. Zur Füllung. Für diese die Sojabohnen in etwa 750 ml Wasser kochen, bis sie weich sind. Das Wasser sollte zum Schluss weitgehend aufgesogen und die Bohnen sollten zu einem Brei verkocht sein. Zucker und Vanillezucker unterrühren, abkühlen lassen.

Jetzt wird gekugelt: Aus dem Teig für die Füllung Bällchen in Haselnussgröße (etwa 15 g) formen. Aus dem Teig für den Mantel Bällchen formen, die doppelt so groß sind. Diese zu einer Scheibe flachdrücken. Die »Füllungs-Bällchen« in die Mitte setzen. Die Teigränder vorsichtig um die Bällchen schließen, entstehende Risse kitten. Die Kugel zwischen den Handinnenflächen sorgfältig in Form rollen und in Sesam wenden. Noch einmal rollen. Die Sesambällchen in reichlich Pflanzenöl etwa zehn Minuten goldgelb frittieren.

Für etwa 24 Bällchen

Teigmantel
200 g Klebreismehl
100 g Reismehl
50 g Kartoffelpüreepulver (80–100 g, wenn man das Püree selbst macht)
1 EL Backpulver
100 g Zucker
200 ml warmes Wasser

Füllung
200 g Soja- bzw. Mungbohnen, geschält und gespalten
750 ml Wasser
100 g Zucker
1 Pck. Vanillezucker

50 g Sesamsaat
Sonnenblumenöl zum Frittieren

KREATIVE (KRÄUTER-)KÜCHE
Crell Cuisine

Vor zwei Jahren ging im Erdgeschoss der Gaußstraße 4 unweit des Merianplatzes eine Ära zu Ende. Seit mehr als einem Jahrhundert, genau genommen seit 1904, wurde hier Apfelwein gezecht. Die Betreiber kamen und gingen, die Kneipe aber blieb. Selbst die Bomben des Zweiten Weltkriegs änderten nichts, als einziges Gebäude in der gesamten Häuserzeile nahm die Nummer 4 keinen Schaden. Doch dann, im November 2007, kam Christopher Crell und bot statt Soleiern und Brezeln plötzlich Wildkräutersalat, Seeteufel mit Kokoskruste und Kakaoravioli. Aus der ewigen Kneipe ist ein Restaurant geworden.

Christopher Crell ist einer dieser jungen Frankfurter Köche, die in den vergangenen Jahren ihr Ding gestartet haben. Nach seiner Ausbildung und ersten Stationen in Frankfurt hat er im Ausland gekocht, unter anderem in einem Bergdorf auf Sizilien und in Kroatien. Zurück kam er mit einer klaren Absicht: »Keine Pappenheimer mehr vor mir zu haben«, sprich: sein eigener Chef zu werden. Er begann einen Catering-Service. Als für die Kneipe in der Gaußstraße 4 ein neuer Pächter gesucht wurde, stürzte er sich in das Abenteuer, ohne Geschäftserfahrung oder nennenswertes Startkapital, aber voller Enthusiasmus.

Einen Monat lang hat er renoviert, um aus der Kneipe ein charmantes Restaurant zu machen. Mit wenigen Eingriffen hat er den Kneipenmuff vertrieben, dabei aber auch viel Historisches bewahrt. In dem kleinen Vorgarten ranken der Wein und das Efeu wie eh und je, im Inneren knarzen die Holzdielen anno 1904 wie seit Jahrzehnten und an den Wänden erzählen Schwarz-Weiß-Fotografien von Zeiten, als der Laden noch Zum Eiffelturm, Zum Apfelweinbauer, Zum Windlicht oder Zum Gauß hieß. Die Mischung schafft einen Charakter, wie es ihn in Frankfurt eher selten gibt: weder kühl designt noch bieder-rustikal, sondern intim und gemütlich. Irgendwie französisch.

Auch Crell Cuisine klingt ja französisch. Das soll es aber eigentlich gar nicht. Denn Christopher Crell kocht so viel französisch, wie er deutsch, spanisch, italienisch und manchmal sogar arabisch oder asiatisch kocht. Er kocht eben, was ihm einfällt. Liest man die kleine, wöchentlich wechselnde Karte, denkt man nie: »Ach, kenn ich alles«, eher schon: »Aha, klingt spannend«. Was und wie er auf einem Teller zusammenbringt, ist immer kreativ, oft gewagt. Da wird getürmt, verziert, gemalt oder »gezaubert«, wie er sagt. Manchmal mag gar ein Schlenker zuviel darin sein, aber lieber eine mutige als eine langweilige Küche. Einzigartig ist die Sache mit den Kräutern. »Das ist ein Spleen von mir«, gesteht er. Jede Woche fährt er einmal ins Grüne, meist in den Rheingau, und schlägt sich durch Wiesen und Wälder auf der Suche nach Wildkräutern für seine Küche. Ob Brennnessel, Giersch, Schafgarbe oder Löwenzahn, für fast alles findet er Verwendung.

Im Oktober 2009 hat das Restaurant seinen zweiten Geburtstag gefeiert. »Wahnsinn« sei das, freut sich Christopher Crell. Was er damit meint, versteht man, wenn man den fast zehn Meter langen Flur vom Gastraum in die Küche geht: Die ist nämlich kaum größer als ein Frankfurter Bad. In dieser kleinen Welt, die nicht mal Platz für eine Spülkraft lässt, kocht und improvisiert er sich als Einzelkämpfer durch die Abende und Nächte. Ganz alleine ist er allerdings doch nicht. Seine Freundin Nora geht ihm zur Hand, wo es nur möglich ist. Auch sein Vermieter und Dauergast Karl-Hermann hat ihn vom ersten Tag an unterstützt. Und seine Kumpels, Frankfurter Köche, eilen zur Hilfe, wenn die Bude brennt – was sie immer häufiger tut. Die Gäste haben seine Art zu kochen und sein kleines Restaurant lieb gewonnen. Christopher Crell ist aber noch nicht satt. »Wenn ich endlich die Küche vergrößert habe, lege ich erst richtig los.«

ORIENTALISCHE LINSENSUPPE MIT RIESENGARNELEN IM MOHNMANTEL

TÜRMCHEN VON ZIEGENKÄSE UND FILOTEIG MIT SCHAFGARBE UND FRENCH DRESSING

★

LASAGNE VON GRILLGEMÜSE UND SCHAFSKÄSE AN TOMATENKONFIT

★

SEETEUFELMEDAILLONS IN KOKOSKRUSTE AUF FENCHEL-AVOCADO-ORANGEN-GEMÜSE

GESCHMORTE LAMMKEULE IN BRENNNESSELKRUSTE AN KARTOFFEL-KOHLRABI-TÜRMCHEN UND SCHMORGEMÜSE

★

BASILIKUM-MANGO-TRIFLE

Ein Restaurant, wie es in Frankfurt eher selten ist: weder kühl designt noch bieder-rustikal, sondern intim und gemütlich. Irgendwie französisch.

ORIENTALISCHE LINSENSUPPE MIT RIESENGARNELEN IM MOHNMANTEL

Christopher Crell verkleidet seine Speisen gerne. Mit großer Passion setzt er auf Fleisch originelle Krusten und frittiert er Fisch in ungewöhnlichen Mänteln. So auch bei diesem Gericht, bei dem die Garnelen in Mohn gewendet werden. Wer die Suppe noch fruchtiger mag, kann auch etwas weniger Fond nehmen und zusätzlich ein Glas Ananassaft zugießen und diesen mitreduzieren. Ob mit oder ohne Saft – bei dieser Suppe treffen scharfe Elemente auf milde, süße auf saure, weiche auf krosse. Klingt nach 'ner guten Party.

Zwei Liter Wasser zum Kochen bringen, die Linsen darin in acht bis zehn Minuten gar, aber noch bissfest kochen. Sie sollen ihre Form behalten. Durch ein Sieb abgießen und mit kaltem Wasser abschrecken. Das Olivenöl in einem Topf erhitzen und die Zwiebel, den Knoblauch sowie den Ingwer darin glasig dünsten. Mit dem Kalbsfond ablöschen und die Flüssigkeit um ein Drittel reduzieren. Die Kokosmilch einrühren und aufkochen lassen. Das Zitronengras zugeben und fünf Minuten mitköcheln. Mit der Gewürzmischung, Zucker, Limettensaft, Salz und Pfeffer abschmecken. Das Ganze durch ein Sieb passieren, die Linsen und die Apfelstücke zugeben und noch einmal erhitzen. Ganz zum Schluss den Koriander untermischen.

In einem kleinen Topf Öl erhitzen. Die Garnelen salzen und pfeffern. Zunächst in Mehl, dann in Ei und schließlich in Mohn wenden. Die Garnelen zwei bis drei Minuten in dem heißen Öl ausbacken und auf Küchenpapier abtropfen lassen. Die Suppe in Schalen geben, mit etwas Koriander und den Mohn-Garnelen garnieren.

Für 4 Personen

Suppe
150 g rote Linsen
2 EL Olivenöl
1 Zwiebel, grob gewürfelt
3 cm großes Stück Ingwer, gerieben
1 Knoblauchzehe, fein geschnitten
300 ml Kalbsfond
300 ml Kokosmilch
1 Stange Zitronengras, in Stücke geschnitten
1 TL Marokkanische Gewürzmischung »Ras el Hanout«
1 Prise Zucker
Saft von 1 Limette
Salz und Pfeffer
1 Boskop, entkernt, geschält und in kleine Würfel geschnitten
¼ Bund Koriander, fein geschnitten

Garnelen
Pflanzenöl zum Frittieren
4 Riesengarnelen, geschält und geputzt
Salz und Pfeffer
3 EL Mehl
1 Ei, verkleppert
4 EL Mohn

TÜRMCHEN VON ZIEGENKÄSE UND FILOTEIG MIT SCHAFGARBE UND FRENCH DRESSING

Man muss ja nicht immer alles selbst machen. Da der hauchdünn ausgezogene Filoteig in der griechischen und – als Yufka-Teig – in der türkischen Küche eine tragende Rolle spielt, bekommt man ihn in entsprechenden Lebensmittelgeschäften. Ein bisschen komplizierter ist es mit dem Heilkraut Schafgarbe – die gibt es nämlich in fast keinem Geschäft, dafür aber auf nahezu jeder Wiese. Wie sie aussieht? Das Internet weiß es.

Für das Dressing den Fond mit den Kräutern aufkochen und auf etwa 30 ml reduzieren. Wenn er abgekühlt ist, wird er durch ein Sieb gegossen und mit dem Eigelb im Wasserbad aufgeschlagen. Tropfen für Tropfen das Öl zugießen und die Creme unter ständigem Rühren aufmontieren. Mit einem kleinen Spritzer Ketchup, Zitronensaft, Salz und Pfeffer abschmecken. Den Filoteig in etwa zehn Zentimeter lange Dreiecke schneiden. Diese in der Pfanne mit etwas Olivenöl knusprig braten und mit Salz und Pfeffer würzen. Die Ziegenrolle in Scheiben – nicht ganz einen Zentimeter dick – schneiden. Nun den Käse abwechselnd mit den Teigdreiecken zum Türmchen stapeln, pro Person drei Scheiben Käse, jeweils mit einem Teigboden und -dach. Die Türmchen für etwa zwei Minuten in den auf 180 Grad vorgeheizten Backofen stellen. Der Käse soll so warm und weich werden, dass er gerade anfängt zu schmelzen.

Die Schafgarbe derweil in lauwarmem Wasser mit einem Spritzer Essig waschen, dann abtropfen lassen. Je ein Türmchen auf einen Teller geben, dazu die Tomaten mit dem Dressing und Blättern der Schafgarbe anrichten.

Für 4 Personen

Dressing
200 ml Kalbsfond
Estragon, Rosmarin und Thymian, entstielt und fein geschnitten
2 Eigelb
100 ml Pflanzenöl
etwas Ketchup
Zitronensaft
Salz und Pfeffer

Türmchen
einige Blätter Filoteig
Olivenöl zum Anbraten
Salz und Pfeffer
200 g Ziegenrolle
1 Handvoll Blätter der Schafgarbe (keine Blüten)
1 Handvoll getrocknete, in Öl eingelegte Tomaten, in feine Streifen geschnitten

LASAGNE VON GRILLGEMÜSE UND SCHAFSKÄSE AN TOMATEN-KONFIT

Eine Lasagne ohne Sauce? Tatsächlich kommen hier weder eine Tomaten- noch eine Bechamelsauce zwischen die selbst gemachten Nudelplatten, sondern nur Gemüse und Schafskäse. Doch auch das schmeckt – zumal das Tomaten-Konfit mit von der Partie ist.

Zunächst wird der Nudelteig zubereitet: Grieß und Mehl vermischen und auf einer Arbeitsfläche zu einem Hügel aufschütten. Eine Mulde hineindrücken. Die restlichen Zutaten – Eier, Wasser, Olivenöl und Salz – verrühren und in die Mulde gießen. Nach und nach mit der Hand Mehl und Grieß in die Eimasse einarbeiten. Schließlich den Teig mit beiden Händen ungefähr eine Viertelstunde lang kräftig kneten, bis er geschmeidig und glänzend ist. Je nach Bedarf noch Flüssigkeit oder Mehl zufügen. Den Teig zu einer Kugel formen, in Frischhaltefolie packen und zwei Stunden im Kühlschrank ruhen lassen.

In dieser Zeit ran an den Herd: Nach und nach die Gemüsescheiben und -streifen mit den Kräutern in Olivenöl in der Pfanne (flotter: in zwei Pfannen) bei mittlerer Hitze braten. Dabei keine Eile. Salzen und pfeffern. Nun kommt wieder der Teig ins Spiel. In drei Teile teilen – so geht es einfacher – und mit dem Nudelholz dünn ausrollen. Platten in der gewünschten Größe ausschneiden und zur Seite legen. Sie dürfen noch einige Minuten vor sich hin trocknen. Einen großen Topf mit Wasser aufsetzen. Wenn es kocht, kräftig salzen und die Teigplatten nach und nach darin je drei Minuten gar ziehen lassen. Eine Auflaufform einfetten. Abwechselnd mit Teigplatten, Grillgemüse und Schafskäse schichten. Das Ganze kommt in den auf 180 Grad vorgeheizten Backofen, wo es nur so lange bleibt, bis der Käse geschmolzen ist.

Genug Zeit, um das Konfit zuzubereiten. Hierzu die Kirschtomaten in einer Pfanne mit Olivenöl und Butter kurz anbraten, Frühlingszwiebeln und Knoblauchzehen zugeben und durchschwenken. Abschmecken. Lasagnestücke mit dem Konfit anrichten.

Für 6 Personen

Lasagne
400g Hartweizengrieß
150g Mehl
5 Eier
je 1 Schuss Wasser und Olivenöl
1 kräftige Prise Salz
4 kleine Zucchini und
2 – 3 kleine Auberginen, Enden abgeschnitten und längs in dünne Scheiben geschnitten
je 2 rote und gelbe Paprika, entkernt und in Streifen geschnitten
Thymian und Rosmarin, entstielt und fein geschnitten
Olivenöl zum Anbraten
Salz und Pfeffer
400g Schafskäse, klein gebröselt

Konfit
250g Kirschtomaten, halbiert
Olivenöl
1 kleines Stück Butter
2 Frühlingszwiebeln und
1 – 2 Knoblauchzehen, fein geschnitten
Salz und Pfeffer

Den Seeteufel zu filetieren sollte man lieber dem Fachmann überlassen. Man darf ja noch das Filetstück in Medaillons schneiden.

SEETEUFELMEDAILLONS IN KOKOSKRUSTE AUF FENCHEL-AVOCADO-ORANGEN-GEMÜSE

Eine unförmige Gestalt, runzlige Haut, Glupschaugen und ein schiefes Gebiss – nein, eine Schönheit ist ein Seeteufel nicht. Auf dem Teller wird er allerdings gern gesehen. Der Grund: sein nahezu grätenfreies, festes und weißes Fleisch. Bei diesem Gericht bekommt der Seeteufel einen krossen Kokosmantel und gebettet wird er auf einen warmen Gemüsesalat.

Das Eigelb und die Butter mit dem Handrührgerät schaumig schlagen. Die Kokosraspel und das Paniermehl in die sämige Ei-Butter-Masse einrühren, salzen (zwei kräftige Prisen) und pfeffern. Damit ist die spätere Kruste vorbereitet. Die Fenchelstreifen in einer Pfanne mit Olivenöl Farbe nehmen lassen. Den aufgefangenen Orangensaft angießen, kurz köcheln lassen, salzen und pfeffern. Frühlingszwiebeln, Avocadowürfel und Orangenfilets zugeben, nur kurz durchschwenken und vom Herd nehmen. Mit Balsamico, Zucker, Olivenöl verfeinern, abschmecken. Deckel auf die Pfanne und das Ganze ziehen lassen.

Nun zum Fisch: Die Seeteufelmedaillons salzen, pfeffern und in Mehl wenden. In einer Pfanne Olivenöl erhitzen und darin von beiden Seiten kurz scharf anbraten. Aus der Pfanne nehmen und auf ein Blech legen. Die Medaillons daumendick mit der Kokos-Masse bestreichen und im vorgeheizten Backofen etwa vier Minuten 180 Grad (Oberhitze) aussetzen, bis die Kruste goldbraun, der Fisch aber noch saftig ist. Abschließend die Minze an das warme Gemüse geben. Dieses auf Tellern anrichten und die Medaillons daraufsetzen.

Für 4 Personen

Kruste
2 Eigelb
80g Butter (weich)
3 Handvoll Kokosraspel
2 Handvoll Paniermehl
Salz und Pfeffer

Gemüse
2 Fenchelknollen, geputzt
und in dünne Streifen geschnitten
Olivenöl zum Anbraten
4 Orangen, filetiert (den Saft auffangen)
Salz und Pfeffer
½ Bd. Frühlingszwiebeln,
in feine Ringe geschnitten
2 reife Avocados, geschält, entkernt
und in kleine Würfel geschnitten
2 EL Zucker
1 Schuss weißer Balsamico
2 EL Olivenöl
1 kleine Handvoll Minzeblätter,
fein geschnitten

500 – 600g Seeteufelfilet,
in acht Medaillons geschnitten
Salz und Pfeffer
Mehl zum Wenden
Olivenöl zum Anbraten

GESCHMORTE LAMMKEULE IN BRENNNESSELKRUSTE AN KARTOFFEL-KOHLRABI-TÜRMCHEN UND SCHMORGEMÜSE

Dieses Gericht macht auch optisch Eindruck: Ein sattes Stück Fleisch mit Kräuterdach, eine gewagte Kohlrabi-Kartoffel-Konstruktion sowie ein gefüllter Zucchini-Trichter – von der Seite gesehen sieht das Ganze wie eine futuristische Skyline aus. Typisch Crell ist auch die Verwendung von selbst gepflückten Brennnesseln, die übrigens sehr vitaminreich sind. Wie jedes Wildkraut, sollte man sie wegen möglicher Keime gut in lauwarmem Wasser mit etwas Essig waschen. Bei der Ernte wie der Zubereitung gilt: Handschuhe nicht vergessen. Wem das zu verwegen ist oder wer zur falschen Jahreszeit unterwegs ist, kann statt Brennnesseln auch Minze oder Rosmarin verwenden.

Das Lammfleisch über Nacht in Buttermilch einlegen. Abtropfen lassen und ordentlich salzen und pfeffern. In einem großen Topf oder Bräter Pflanzenöl erhitzen und die Lammkeule von allen Seiten kräftig anbraten. Das Fleisch herausnehmen. Nun kommen die Zwiebeln und das Gemüse hinein, alles gut anrösten. Das Tomatenmark zugeben, die Keule darf auch wieder dazu. Mit dem Rotwein ablöschen und mit dem Fond aufgießen. Die Gewürze zufügen, Deckel drauf und das Ganze zwei bis zweieinhalb Stunden bei niedriger Temperatur schmoren. Bei Bedarf etwas Wasser nachgießen. Das Fleisch ist gut, wenn es sich leicht vom Knochen löst.

Während das Fleisch schmort, für die Kräuterkruste die Brennnesselblätter waschen (siehe oben), abtropfen lassen und mit einem kleinen Stück Butter in einer Pfanne kurz dünsten. Nun ist die Gefahr vorbei – die Nesseln brennen nicht mehr. Die Blätter klein schneiden. Das Eigelb mit der restlichen Butter schaumig schlagen. Mit den Brennnesseln und dem Paniermehl zu einer festen Masse vermischen, salzen und pfeffern. Gleichzeitig die Kartoffeln mit Schale gar kochen, abschütten, im Topf warm halten. Die Gemüsewürfel mit etwas Öl in der Pfanne anschwitzen, einige EL Bratensauce zugeben und köcheln lassen, abschmecken. Die Kohlrabischeiben und die Zucchinihälften vier bis sechs Minuten in einem Topf mit Salzwasser al dente blanchieren. Letztere anschließend an der Schnittfläche aushöhlen (ideal ist ein Melonenlöffel, ein Teelöffel tut es aber auch) und mit den Gemüsewürfeln aus der Pfanne füllen.

Die gar gekochten Kartoffeln pellen und mit einem kleinen Stück Butter stampfen, salzen, pfeffern. Aus der Kartoffelmasse kleine Kugeln formen und mit den Kohlrabischeiben zu Türmchen stapeln. Die Lammkeule aus dem Topf nehmen und in etwa vier Zentimeter dicke Stücke schneiden. Die Oberseite dick mit der Brennnesselmasse bestreichen. Nun kommt das Ganze samt Beilagen für maximal fünf Minuten bei 180 Grad in den Backofen (Oberhitze oder Grill anstellen). Wichtig: Die Fleischstücke dabei auf etwas Bratensauce setzen, damit sie nicht austrocknen. Wer lieber am Tisch tranchiert, kann die Keule auch am Stück lassen und mit der Massen bestreichen.

Den übrigen Bratensaft durch ein feines Sieb schütten, gegebenenfalls etwas andicken und abschmecken. Voilà: Das Fleisch mit den gefüllten Zucchinihälften, den Kartoffel-Kohlrabi-Türmchen und der Sauce kann serviert werden.

Für 4 Personen

Fleisch
1 kg Lammkeule (mit Knochen)
1 l Buttermilch
Salz und Pfeffer
Pflanzenöl zum Anbraten
1 Zwiebel und 1 Bund Suppengemüse, grob gewürfelt
4 EL Tomatenmark
700 ml trockener Rotwein
1 l Fleischfond (z. B. Kalb)
10 Wacholderbeeren
10 schwarze Pfefferkörner
4 Nelken
2 Lorbeerblätter

Kruste
3 Handvoll Brennnesselblätter
80 g Butter (weich)
2 Eigelb
2 Handvoll Paniermehl
Salz und Pfeffer

Beilagen
400 g Kartoffeln
¼ Knollensellerie, 2 Karotten und 1 Stange Lauch, geputzt und fein gewürfelt
2 EL Pflanzenöl
2–3 Kohlrabi, geschält und quer in dünne Scheiben geschnitten
2 kleine Zucchini, quer halbiert
Salz und Pfeffer
Butter

Brennnesseln immer in Wasser und Essig waschen, um Keime abzutöten. Und bei der Ernte – von April bis September – bloß nicht die Handschuhe vergessen.

BASILIKUM-MANGO-TRIFLE

Christopher Crell wäre nicht Christopher Crell, würde er nicht auch in Süßspeisen Kräuter verwenden. Hier gibt das Basilikum sogar den Ton an. Ein Trifle ist übrigens Schichtdessert mit Biskuitbasis und fruchtigem Überbau, sozusagen Tiramisu ohne Kaffee und Kakao. Hier ersetzt eine Mango-Orangensauce den Espresso und das Basilikum bereichert die Mascarpone. Ein grünes Dessert – das hat man ja auch nicht jeden Tag.

Den Backofen auf 160 Grad vorheizen. Das Eiweiß mit dem Handrührgerät schaumig schlagen, dabei ein Drittel des Zuckers einrieseln lassen. Das Eigelb mit dem restlichen Zucker, dem Wasser und dem Vanillezucker ebenfalls schaumig schlagen, bis die Masse weiß geworden ist. Die Eiweißmasse über die Eigelbmasse geben. Mehl mit dem Backpulver und dem Salz mischen und über die Schaummassen sieben. Alles vorsichtig unterheben. Den Teig in eine rechteckige Auflaufform (Länge etwa 24 cm) geben, bei der nur der Boden, nicht aber die Seiten eingefettet sind, und in etwa 20 Minuten goldgelb backen.

In dieser Zeit den Ofen nicht öffnen, da der Biskuit sonst zusammenfällt. In der Zwischenzeit die Butter in einem kleinen Topf schmelzen und den Zucker darin karamellisieren. Zwei Drittel des Orangensafts angießen und das Mangofleisch hinzugeben. Alles einmal aufkochen und zu einer cremigen Fruchtsauce pürieren. Den Bisquit mit dem restlichen Orangensaft und – wer mag – mit Orangenlikör beträufeln, dann die Fruchtsauce daraufgießen. Er darf sich nun vollsaugen.

Für die Creme zunächst die Basilikumblätter mit einem Schluck Wasser in der Küchenmaschine oder dem Mixstab pürieren. Das Eiweiß in einer Schüssel steif und das Eigelb mit dem Zucker im Wasserbad schaumig schlagen. Die Mascarpone einrühren. Soll die Creme auf jeden Fall fest werden, kann man zwei Blatt eingeweichte Gelatine mit einem Schluck Wasser in einem Topf auflösen und hineinrühren. Das Basilikumpüree zufügen und den Eischnee unterheben. Abschließend die Creme auf die Fruchtsauce geben und das Ganze kalt stellen.

Für 6 Personen

Biskuitteig
2 Eier, getrennt
100g Zucker
2 EL Wasser
½ Pck. v Vanillezucker
100g Mehl
½ gestrichenen TL Backpulver
1 Prisen Salz

Fruchtsauce
1 EL Butter
3 EL Zucker
300 ml Orangensaft
1 große oder 2 kleine reife Mangos (Flugmango), geschält, entkernt und in Stücke geschnitten
evtl. Orangenlikör wie Grand Marnier oder Cointreau

Creme
1 – 2 Handvoll Basilikumblätter
2 Eier, getrennt
2 EL Zucker
350 g Mascarpone
evtl. 2 Bl. Gelatine

NEUE FEINE KÜCHE

Heimat

Einst gab es Kaugummis, danach Jazz vom Feinsten, dann lange nichts. Inzwischen gibt es Kaninchenrisotto mit Heidelbeeren. So kann man die Geschichte des ovalen Pavillons an der Berliner Straße zusammenfassen. Als Wasserhäuschen gestartet, zog hier schnell ein Jazzclub ein, in dem weltberühmte Musiker wie Albert Mangelsdorff den Sound der Stunde bliesen. Dann stand das Gebäude leer und nur der Denkmalschutz verhinderte den Abriss. Die Rettung kam vor zwei Jahren, die Heimat zog ein. Nur wenige Materialien – Holz, Beton und Kupferwände – und sparsam eingesetzte Details sorgen für einen charmanten 1950er-Retro-Look. Aus dem Wasserhäuschen ist ein Schmuckkästchen geworden, innen so schön wie außen.

Im Weinrestaurant Heimat hat Gregor Nowak ein vorläufiges Zuhause gefunden. Nowak, ein echter Frankfurter Bub, ist quasi in der Kleinmarkthalle aufgewachsen. Seit 25 Jahren haben seine Eltern dort einen Stand: Peter's Delikatessen. Wer als Steppke seine Nachmittage zwischen Rindswurst, Austern und Berberitzen verbracht hat, wird entweder Koch oder etwas ganz anderes. Nowak ist Koch geworden – und was für einer. Gerade mal Anfang 30, hat er schon in den besten Restaurants des Landes unter Küchenchefs wie Jörg Müller, Alfred Friedrich, Viktor Stampfer, Hans-Stefan Steinhäuser und Volker Drkosch gearbeitet. Viel besser kann man nicht ausgebildet sein. Als das Angebot kam, die Küche in der Heimat zu übernehmen, war die Verlockung groß. »Hier kocht der Nowak« – darauf hat er lange hingearbeitet.

Schnell holte er Hannes Ceglaz ins Boot bzw. in die Heimat. Auch er ein junger Frankfurter mit beeindruckenden Stationen im Lebenslauf. Für Profiköche wie Nowak und Ceglaz, die Sterne ebenso gewohnt sind wie perfekte Ausstattung und straff organisierte Küchenbrigaden, sind die Bedingungen in der Heimat eigentlich eine Zumutung. Im Keller ist eine kleine Küche, in der sie tagsüber mit beschränkten Mitteln vorbereiten. Am Abend stehen sie in der Heimat hinter der Theke und müssen auf engstem Raum vor aller Augen kochen. Un- oder Ausfälle können sie sich nicht leisten. Das tun sie auch nicht, denn die beiden sind, was man ein eingespieltes Team nennt. Jeder Handgriff sitzt, Worte sind kaum nötig. Für sie harte Arbeit, wirkt es von außen betrachtet wie eine präzise vorgetragene Choreografie. Es soll Gäste geben, die allein deswegen in die Heimat kommen.

Weil in der Heimat kein Platz für nichts ist, muss die Speisenauswahl klein sein. Dafür wechselt sie häufig – was Nowak und Ceglaz ermöglicht, immer wieder neue Gerichte zu kreieren. Nowaks Motto lautet: »Schön ist einfach.« Es ist eine leichte, originelle, mitunter angriffslustige Küche mit vielen regionalen Produkten ohne zu viel Chichi. Vorbild ist die moderne spanische Küche, die klassischen Franzosen tragen zu dick auf, findet Nowak. Neben dem Essen spielt der Wein in der Heimat eine zentrale Rolle. Für den Keller voller Preziosen ist Sommelier Oliver Donnecker verantwortlich, der seit Kurzem zusammen mit Sabine Fey auch die Heimat führt. Ganz gleich, ob man ein Menü bestellt oder sich auf die delikate Käse- oder Schinkenauswahl beschränkt – für einen passenden Tropfen wird gesorgt.

Das Konzept kommt an. Ohne Reservierung geht oft nichts mehr, die Heimat ist zum Place-to-eat in der Stadt geworden. In Frankfurt ist das fürs Ambiente ja nicht immer ganz ungefährlich, treibt es doch die Anzug- und Stöckeldichte nach oben. Da tut es gut, dass der Service manchmal Chucks trägt. Schließlich ist man nicht in Sternenhausen, sondern in seiner Frankfurter Heimat.

SHOOTER AUS LACHSTATAR, MEERRETTICHSCHMAND UND GURKENGELEE

JAKOBSMUSCHELN MIT FRISCHKÄSE, GRANNY SMITH UND SERRANO

★

KARTOFFEL-CROSTINI MIT KANINCHEN UND SCHMORKAROTTEN

GNOCCHI MIT BLUTWURST, CHINAKOHL UND BIRNE

★

SEETEUFEL MIT MUSKATKÜRBIS, SPITZPAPRIKA UND KERNÖL

RINDERFILET MIT ZWETSCHGEN UND STEINPILZEN

★

SCHMANDTARTE MIT WEINBERGSPFIRSICHEN

Das ovale Schmuckkästchen an der Berliner Straße stand lange leer. Dann kam die Heimat und mit ihr Gregor Nowak.

Ein Gruß aus der Küche, der es in sich hat: Ein Schnapsglas ohne Schnaps – aber mit drei Schichten Geschmack.

SHOOTER AUS LACHSTATAR, MEERRETTICHSCHMAND UND GURKENGELEE

Nach dem Essen gibt's einen Schnaps aufs Haus. So kennt man es. In der Heimat funktioniert es anders. Hier grüßt die Küche zum Aperitif mit einem Shooter, also einem klassischen Schnapsglas. Dieses ist jedoch nicht mit Hochprozentigem gefüllt, sondern mit geschichteten Köstlichkeiten. Seien es Tafelspitzsülze mit Frankfurter Kräutern und Meerrettich, sei es eine Brandade aus Kabeljau mit Oktopus, breiten Bohnen und Orangenschaum. Solche Shooter gelingen leicht und lassen sich bestens vorbereiten. Kurz: eine Aufmerksamkeit der Kategorie klein, aber oho!

Das Lachsfilet zu Tatar schneiden und den Schnittlauch untermischen. Mit Zitronensaft, Öl, Salz und weißem Pfeffer abschmecken. Den Meerrettich mit dem Schmand verrühren, mit einer Prise Salz und etwas weißem Pfeffer würzen. Die Gurke mit Schale in Würfel schneiden und zusammen mit den Petersilienblättern pürieren. Einen Teil des Gurkenpürees in einem kleinen Topf erwärmen und die ausgedrückte Gelatine darin auflösen. Wieder mit dem übrigen Püree vermischen und mit Salz abschmecken.

Sind die drei Komponenten fertig, wird geschichtet: Zunächst den Lachstatar in vier schöne Schnapsgläser füllen. Darauf achten, dass die Innenwände dabei nicht beschmieren. Ebenso vorsichtig den Meerrettichschmand auf den Tatar geben. Obendrauf kommen je ein bis zwei EL Gurkengelee. Kalt stellen. Etwa zehn Minuten vor dem Servieren herausnehmen und mit Gartenkresse garnieren.

Dazu empfiehlt Sommelier Oliver Donnecker den Winzersekt Cuvée Katharina Brut Blanc de Noir vom Sekthaus Raumland aus Flörsheim-Dalsheim in Rheinhessen.

Für 4 Personen
120 g Lachsfilet, von der Haut befreit und entgrätet
¼ Bund Schnittlauch, fein geschnitten
1 Spritzer Zitronensaft
1 TL Olivenöl
Salz und weißer Pfeffer
1 EL mittelscharfer Meerrettich
2 EL Schmand
½ Gurke
1 Handvoll krause Petersilie, gehackt
1 Bl. Gelatine, in kaltem Wasser eingeweicht
Gartenkresse zum Garnieren

JAKOBSMUSCHELN MIT FRISCHKÄSE, GRANNY SMITH UND SERRANO

Irgendwann in den 1980er-Jahren hatte sich der Granny Smith zum Modeapfel schlechthin entwickelt. Dann wurde es wieder stiller um ihn. In dieser frischen Vorspeise mit Surf'n'Turf-Krone erlebt er dank seiner knackigen Frische eine Renaissance. Jamón Serrano, der spanische Cousin des italienischen Parmaschinkens, wird übrigens aus dem Fleisch hellhäutiger Hausschweine hergestellt. Warum das erwähnenswert ist? Weil Serrano in Spanien auch »Jamón de pata blanca« genannt wird, also »Schinken von der weißen Pfote« – und das klingt doch nett.

Zunächst die Dressingzutaten vermischen und sämig aufschlagen. Ruhig die angegebenen Mengen verwenden – das Dressing wartet gerne im Kühlschrank auf den nächsten Einsatz. Die Salatblätter waschen und in mundgerechte Stücke zupfen. Den Frischkäse in eine Schüssel geben. Den Apfel schälen, entkernen, in kleine Würfel schneiden und mit Zitronensaft beträufeln. Zwei Scheiben Schinken in kleine Stücke schneiden und in der Pfanne auslassen. Mit der Milch ablöschen und den Schinken samt dem Milchsud zu dem Frischkäse geben, gut verrühren. Die Apfelwürfel beimischen, mit Salz und Pfeffer abschmecken.

Öl in einer Pfanne erhitzen. Die Muscheln salzen, mit Zitronensaft beträufeln und in dem heißen Öl von allen Seiten Farbe nehmen lassen. Die Butter zugeben und die Muscheln kurz darin schwenken. Die Salatblätter mit etwas Rapsöl beträufeln und gut durchmischen (so »hält« das Dressing besser), etwas Dressing zugießen, durchmischen, abschmecken. Auf jedem Teller ein Salatbett anrichten, je ein bis zwei EL Frischkäse daraufgeben. Hierauf die Jakobsmuscheln setzen und mit je einer Scheibe Serrano garnieren. Gregor Nowak verfeinert das Ganze noch mit einer Haube weißer Grundsauce: Diese erwärmen und mit dem Pürierstab Schaum hochziehen. An jeden Teller einen kleinen Schluck Sauce zugießen und etwas Saucenschaum obenauf setzen.

Dazu einen Wein, der mit der Frische der Speise mithält. Zum Beispiel der 2008er Sauvignon Blanc Qualitätswein trocken vom Weingut Knipser aus Laumersheim in der Pfalz.

Für 4 Personen
Dressing Heimat
25 ml Rotweinessig
25 ml Hühnerbrühe
100 ml Rapsöl
½ TL Senf
½ TL Salz

Salatvariation, z. B. Rote-Bete-Blätter,
Gelber Frisée, Sauerampfer, Kresse
250 g Frischkäse
1 Granny Smith
Zitronensaft
6 Scheiben Serrano-Schinken
1 Schuss Milch
Salz und weißer Pfeffer
8 Jakobsmuscheln, vom Muskel
an der Seite befreit
etwas Öl
1 EL Butter
200 ml weiße Grundsauce,
siehe Seite 101

KARTOFFEL-CROSTINI MIT KANINCHEN UND SCHMORKAROTTEN

Eine Drei-Komponenten-Vorspeise, bei der jedes Element auch auf eigenen Füßen stehen könnte: Für die Crostini backt man ein Kartoffelbrot, das man sich zu jeder Gelegenheit gönnen kann. Ebenso die Schmorkarotten, eine leicht gemachte Gemüsebeilage für Gerichte aller Art. Hinzu kommt hier samt-zartes Kaninchenrückenfilet. Aus drei wird eins.

Die Kartoffeln auf die gleiche Art zubereiten wie für die Gnocchi (siehe Seite 89), also kochen, pellen und möglichst noch warm durch eine Kartoffelpresse drücken. Die Milch auf »Handwärme« bringen (nicht über 40 Grad) und die Hefe einrühren. Die Kartoffelmasse mit dem Mehl vermischen, Salz, etwas Pfeffer und Schweineschmalz zugeben, schließlich die Milch-Hefe-Mischung zugießen. Wer mag, gibt Majoran dazu. Das Ganze zu einem glatten und lockeren Teig verarbeiten. Diesen in eine gebutterte und gemehlte Form geben und an einem warmen Platz gehen lassen, bis sich sein Volumen mindestens verdoppelt hat. Bei 180 Grad 40 bis 45 Minuten backen. Das Brot erkalten lassen, dünne Scheiben abschneiden, mit Olivenöl beträufeln und im Backofen kross backen.

Nun zu den Schmorkarotten: Den Backofen auf 200 Grad vorheizen. Olivenöl in einer großen Pfanne erhitzen. Die Karotten mit den übrigen Zutaten – von Zwiebeln bis Oliven – anschwitzen, bis sie leicht »anziehen«. Vorsichtig salzen, gut pfeffern. Dann den gesamten Pfanneninhalt in eine Auflaufform geben, den Fond oder alternativ Mineralwasser angießen. Mit Alufolie abdecken und bei 200 Grad etwa 20 Minuten schmoren. Herausholen, etwas abkühlen lassen, schließlich Petersilie und Basilikum zugeben.

Kurz vor dem Servieren die Kaninchenrückenfilets salzen und in einer großen Pfanne in Olivenöl mit Knoblauch und Rosmarin drei Minuten von allen Seiten anbraten, bis sie Farbe genommen haben. Das Fleisch noch eine Minute in der Pfanne nachziehen lassen, anschließend in mundgerechte Stücke schneiden. Jetzt kann angerichtet werden: Je eine halbe Brotscheibe auf flache Teller legen, das Schmorgemüse mit den Filetstücken darauf anrichten. Eine zweite Brotscheibenhälfte darauflegen und mit Schmorsaft beträufeln.

Gut macht sich dazu ein 2008er Grauburgunder Qualitätswein trocken vom Weingut Dönnhoff aus Oberhausen an der Nahe.

Für 6 Personen

Kartoffelbrot
500g mehlig kochende Kartoffeln
250ml Milch
30g frische Hefe
600g Mehl
2 TL Salz und etwas Pfeffer
50g Schmalz
1 Prise Zucker
evtl. Majoran
Butter, Mehl, Olivenöl

Schmorkarotten
2 EL Olivenöl
6 mittelgroße Karotten, quer halbiert, längs geviertelt
2 rote Zwiebeln, in Streifen geschnitten
100g getrocknete Tomaten
2 Knoblauchzehen, geschnitten
100g Kapern
200g Nizzaoliven (kleine schwarze), entkernt
Salz und schwarzer Pfeffer
250ml Hühnerfond (siehe Seite 164) oder Mineralwasser
etwas glatte Petersilie, gehackt
½ Handvoll Basilikumblätter

6 Kaninchenrückenfilets
2 Knoblauchzehen, fein geschnitten
2 Rosmarinzweige
Olivenöl zum Anbraten

GNOCCHI MIT BLUTWURST, CHINAKOHL UND BIRNE

Der Feind aller Gnocchi ist das Wasser der Kartoffeln. Speziell in Kombination mit Salz kann es den Teig ganz schnell in Matsch verwandeln. Um Knatsch zu vermeiden, hier einige Tipps: Man kann den Kartoffeln nach dem Kochen Wasser entziehen, wenn man sie im Backofen noch etwas abdampfen lässt. An den Gnocchi-Teig allenfalls eine Prise Salz geben – Salz zieht Wasser. Und vor allem: Den Teig direkt weiterverarbeiten, also kein Päuschen einlegen, sondern den Teig formen und ab damit ins kochende Wasser. Man kann die gekochten Gnocchi auch einfrieren und bei Bedarf aus der Kälte noch einmal ins heiße Wasser geben. Zu diesem Gericht: Hier treffen sich fluffige Kartoffelklößchen, herzhafte Blutwurst und süß-fruchtige Birne.

Für den Gnocchi-Teig die Kartoffeln mit Schale in Salzwasser gar kochen. Wer auf Nummer sicher gehen will, lässt sie anschließend noch einmal gut zwanzig Minuten bei 180 Grad im Backofen ausdampfen. Wie auch immer, anschließend pellen und durch eine Kartoffelpresse drücken. Zur Not tut es auch der Kartoffelstampfer, eine Presse ist aber besser. Die Masse mit den restlichen Zutaten mit lockerer Hand zu einem Teig verarbeiten. Daumendicke Würste rollen und in die gewünschten Stücke schneiden – Ästheten schneiden sie schräg in Rauten oder rollen die Stücke zu Kugeln und fahren mit einer Gabel darüber, sodass die typischen Rillen entstehen; Experten rollen die Kugeln über ein gerilltes Gnocchi-Brett. So oder so, die Gnocchi in kräftig gesalzenes Kochwasser geben. Wenn sie nach oben treiben, werden sie »abgefischt«, eiskalt abgeschreckt, abgesiebt und mit Rapsöl benetzt.

Zur Sauce: Die Birnen schälen, entkernen und achteln. Die Spalten mit Zitronensaft beträufeln. Die Zwiebel sowie die Birnenschalen und -abschnitte in einem Topf mit etwas Pflanzenöl anbraten. Bevor sie richtig Farbe nehmen, mit dem Wein ablöschen, dann die Geflügelbrühe angießen. Majoran zugeben und das Ganze zehn Minuten köcheln lassen. Durch ein Sieb passieren, dabei kräftig nachdrücken, dann abschmecken. Die Mascarpone einrühren und mit dem Mixstab aufmontieren. Die Birnenspalten in die noch heiße Sauce geben.

Jetzt zwei Pfannen anschmeißen. In der einen die Blutwurstscheiben von beiden Seiten anbraten. In der anderen die Gnocchi mit etwas Butter goldgelb braten, kurz vor Schluss den Chinakohl zugeben. Abschmecken. Die Gnocchi samt Kohl in tiefe Teller geben, Wurstscheiben und Birnenspalten anrichten, schließlich die Birnensauce angießen.

Für 4–6 Personen

Gnocchi
500 g große, mehlig kochende Kartoffeln
180 g Mehl
150 g Ricotta oder 100 g
fein geriebener Parmesan
2 Eigelb
Muskat
Rapsöl

Birnensauce
2–3 Birnen (z. B. Williams Christ)
Zitronensaft
1 Zwiebel, fein geschnitten
2 EL Pflanzenöl
300 ml lieblicher Weißwein
250 ml Geflügelbrühe
2 Majoranzweige
Salz und weißer Pfeffer
1 gehäufter EL Mascarpone

feine Blutwurst, pro Person
drei fingerdicke Scheiben
1–2 EL Butter
½ Chinakohl (klein), in Streifen
geschnitten
Salz und Pfeffer

Das Wasser der Kartoffel ist der größte Feind der Gnocchi. Den Teig am besten flott weiterverarbeiten und dann ab damit ins Kochwasser.

SEETEUFEL MIT MUSKATKÜRBIS, SPITZPAPRIKA UND KERNÖL

Die feine Küche dieser Tage schäumt gerne. Was die einen als Spiel mit Konsistenzen loben, geiseln andere als Showküche. Tatsächlich spricht nichts gegen, aber viel für einen dosiert eingesetzten aromatischen Schaum. Gegen einen cremigen Milchschaum beim Cappuccino hat ja auch niemand was. In der Küche von Gregor Nowak und Hannes Ceglaz findet sich neben Knusprig-Krossem, Bissfestem, Butterzartem auch Schaumig-Weiches auf vielen Tellern. Die weiße Grundsauce ist dabei eine der festen Größen in der Heimat-Küche, um Gerichte mit Fisch oder hellem Fleisch zu verfeinern. Bei diesem Gericht wird die Basisversion verwendet. Man kann sie jedoch ganz leicht für andere Rezepte variieren – sei es, dass man sie mit frischem Basilikum tunt, Kresse einpüriert oder sie mit Kernöl aufmontiert. Beim Saucen- ist es übrigens ähnlich wie beim Milchschaum: Damit sich stabile Bläschen bilden, muss die Temperatur stimmen. Heißt: Sehr gut warm, aber nicht zu heiß.

Los geht es mit der Grundsauce: Lauch, Champignons, Zwiebeln und Knoblauch in einem Topf mit etwas Pflanzenöl anschwitzen. Kräuter und Gewürze zugeben, mit dem Weißwein ablöschen und mit der Brühe sowie der Sahne aufgießen. Etwa 25 Minuten einkochen, bis die Flüssigkeit auf die Hälfte reduziert ist. Durch ein Sieb passieren, dabei die Gemüse kräftig ausdrücken, damit so viel Aroma wie möglich in die Sauce kommt. Nach und nach Butter mit dem Schneebesen oder dem Stabmixer in die heiße Sauce einarbeiten, sodass sie leicht sämig wird. Mit Crème fraîche verfeinern.

Jetzt werden die Gemüse zubereitet. Den Kürbis und die Paprika in mundgerechte Stücke schneiden. Die Kürbiswürfel mit etwas Olivenöl bei mäßiger Hitze in einer großen Pfanne anschwitzen, nach zwei oder drei Minuten die übrigen Gemüse zugeben und mitschwitzen lassen. Mit dem Fond ablöschen und garen. Parallel dazu die Kürbiskerne in einer Pfanne vorsichtig anrösten und zu dem Gemüse geben. Abschmecken.

Die Fischfilets mit Zitronensaft beträufeln und salzen. In Olivenöl kurz von beiden Seiten anbraten, dann bei reduzierter Hitze »gar ziehen« lassen, dabei mehrfach wenden. Jetzt wird angerichtet: Die Sauce noch einmal erwärmen (nicht zu heiß) und mit dem Stabmixer aufmontieren, sodass ein stabiler Schaum entsteht. Das Gemüse auf Teller geben, die Fischfilets daraufsetzen und vorsichtig mit Kernöl beträufeln. Sauce zugeben und Schaum obenauf setzen.

Zu diesem Fischgericht geht auch gut ein feiner Roter, etwa ein »Tradition«, ein 2007er Spätburgunder Qualitätswein trocken vom Weingut Fürst aus Bürgstadt in Franken.

Für 4 Personen

Weiße Grundsauce
1 Stange Lauch und
100 g Champignons, geputzt, in Scheiben geschnitten
2 Zwiebeln und
1 Knoblauchzehe, fein gewürfelt
Pflanzenöl
1 Lorbeerblatt
2 Wacholderbeeren
4 Pfefferkörner und etwas grobes Meersalz
300 ml kräftiger Weißwein (z. B. Grauburgunder)
100 ml Geflügelfond (siehe S. 164)
100 ml Sahne
80 g eiskalte Butter
80 g Crème fraîche

500 g Muskatkürbis, geschält, entkernt
2 rote Spitzpaprika, entkernt
Olivenöl zum Anbraten
6 Baby-Pak-Choi (gibt es im Asia-Laden), längs geviertelt
1 Schalotte, in Ringe geschnitten
100 ml Gemüse- oder Geflügelfond
½ Handvoll Kürbiskerne
Salz und weißer Pfeffer

4 Seeteufelfilets à 120–150 g
Zitronensaft und Salz
etwas Kürbiskernöl

RINDERFILET MIT ZWETSCHGEN UND STEINPILZEN

Auch dieses Gericht funktioniert ganz einfach, sofern das Timing stimmt. Am besten geht man so vor. Erstens: Kartoffeln kochen. Zweitens: Steinpilzschaum machen. Drittens: Gemüse vorbereiten. Viertens: Fleisch anbraten. Fünftens: Essen. Entscheidend bei kurz gebratenem Fleisch: Die Säfte, die beim Anbraten vor der Hitze fliehen, sollen sich anschließend wieder optimal verteilen. Also gönnt man dem Fleisch eine Ruhepause, in der es einmal gewendet wird und die Säfte entspannt in alle Poren fließen können. Das Fleisch bedankt sich auf seine Weise – durch Zartheit.

Ein Drittel der Steinpilzstücke samt den Abschnitten der Pilze mit der Zwiebel in Öl anschwitzen. Rosmarin und Knoblauch zugeben und durchschwenken. Mit dem Weißwein ablöschen und mit dem Fond auffüllen. 20 Minuten köcheln lassen. Die Sahne zugießen, noch einmal aufkochen, den Rosmarinzweig herausnehmen, pürieren und durch ein feines Sieb passieren. Abschmecken und eventuell noch mit Crème fraîche verfeinern.

Nun ran ans Fleisch. Die Filets von allen Seiten ohne falsche Bescheidenheit kräftig salzen und pfeffern. Das Fett in der Pfanne stark erhitzen. Wenn es gerade anfängt zu qualmen, die Filets darin von allen Seiten je eine Minute anbraten. Aus der Pfanne nehmen und in den auf 180 Grad vorgeheizten Backofen geben. Hier ziehen sie nach, je nach Lust auf Blut für vier bis acht Minuten, nach der Hälfte der Zeit wenden. Herausnehmen und an einem warmen Ort oder in Alufolie verpackt ruhen lassen. Sobald das Fleisch in den Ofen gewandert ist, die noch heiße Pfanne nutzen und die Kartoffeln sowie die Pilze darin Farbe nehmen lassen. Die Zwiebeln und die Zwetschgen dazugeben und kurz durchschwenken. Die Petersilie zufügen, salzen und pfeffern. Kurz vor dem Servieren die Steinpilzsauce gut erwärmen (nicht zu heiß) und mit dem Stabmixer zu einem Schaum aufmontieren. Das Gemüse auf Teller geben, die Rinderfilets daraufsetzen, etwas Sauce angießen. Wer hat, gibt noch ein oder zwei EL Kalbsjus zu. Schließlich mit dem Steinpilzschaum »krönen«.

Was würde Oliver Donnecker dazu trinken? Einen 2006er Saulheimer Cuvée JR, Cabernet & Co. Qualitätswein trocken vom Winzerhof Thörle aus dem rheinhessischen Saulheim.

Für 4 Personen

Steinpilzschaum
3 mittelgroße Steinpilze, geputzt und je nach Größe geviertelt oder geachtelt
1 mittelgroße Zwiebel, grob geschnitten
2 EL Pflanzenöl
1 Rosmarinzweig
1 Knoblauchzehe
50 ml Weißwein
250 ml Geflügelfond
100 ml Sahne
Salz und weißer Pfeffer
evtl. Crème fraîche

Fleisch und Gemüse
4 Rinderfilets à 200 g
Salz und schwarzer Pfeffer
Butterschmalz zum Anbraten
6 kleine neue Kartoffeln, mit Schale gar gekocht, längs geviertelt
2 EL Pflanzenöl
½ Bund Frühlingszwiebeln, geputzt und schräg in drei Stücke geschnitten
10 Zwetschgen, entkernt und geviertelt
½ Handvoll glatte Petersilie, gehackt

Der kurze Moment in der heißen Pfanne ist für das Filetstück ein Schock. Daher darf es sich danach bei angenehmer Temperatur ausruhen und sich wieder entspannen.

Die Tarte soll cremig, nicht massig werden. Da kommt der Schmand mit seinen 24 Prozent Fett, also kurz vor der Sahne, gerade recht.

SCHMANDTARTE MIT WEINBERGSPFIRSICHEN

Zu dieser Tarte gibt es nicht viel zu sagen, die Fakten sprechen für sich – ein halbes Kilo Schmand, sieben Eier sowie das satte Aroma zweier Vanilleschoten. Insofern: Machen, essen, glücklich sein.

Für den Mürbteig die Zutaten flott zu einem glatten Teig verarbeiten und anschließend für eine halbe Stunde in Klarsichtfolie gewickelt kalt stellen. Den Teig ausrollen, in eine gebutterte Spring- oder Tarteform (Durchmesser 26 cm) geben und mit einer Gabel einstechen. Bei 180 Grad blind backen, bis der Teig Farbe genommen hat. Für die Füllung den Zucker zusammen mit dem Mark der Vanilleschoten in einem Topf leicht erwärmen. So kommt das Aroma besonders gut heraus. Den Schmand mit der Milch verrühren, er soll etwas cremiger, aber auf keinen Fall flüssig werden. Die Eigelb mit dem erwärmten Zucker schaumig schlagen und unter den Schmand heben. Zu guter Letzt die in wenig (!) Wasser aufgelöste Stärke unterrühren. Die Füllung auf den Teigboden geben und die Tarte im Backofen bei 120 Grad etwa 30 Minuten backen.

In dieser Zeit werden die Pfirsiche zubereitet. Die Früchte schälen, entkernen und in grobe Würfel schneiden. Die Abschnitte und Kerne aufheben. Den Zucker im Topf leicht karamellisieren, die Pfirsichabschnitte, die Zimtstange und das Vanillemark zugeben, dabei ständig rühren. Mit dem Wein und Likör ablöschen, einmal kräftig durchkochen. Die heiße Sauce auf die Pfirsichwürfel passieren und ziehen lassen. Zum Servieren das Obst mit der Sauce auf Teller geben und pro Person ein Stück Tarte daraufsetzen.

Ins Glas kommt ein Wein, dessen Süße mit dem Dessert mithält. Die Empfehlung aus der Heimat: 2007er Huxelrebe Beerenauslese vom Weingut Georg Gustav Huff aus Nierstein-Schwabsburg in Rheinhessen.

Für eine Tarte
Mürbteig
250 g Mehl
125 g Butter (Zimmertemperatur)
65 g Zucker
1 kleines Ei
1 Prise Salz

Füllung
2 Vanilleschoten
200 g Zucker
500 g Schmand
1 Schluck Milch
7 Eigelb
2 EL Stärke

Pfirsiche
pro Person 1 Weinbergspfirsich
100 g Zucker
1 Vanilleschote
1 Zimtstange
4 cl Pfirsichlikör (z. B. Pêche Mignon)
400 ml fruchtig-lieblicher Rotwein (oder Portwein)

PORTUGIESISCH INSPIRIERTE KÜCHE
Lua Ruby September

Manche Leute treibt es im Leben eher zufällig von hier nach dort. Und manchmal finden sie genau das Richtige, ohne jemals danach gesucht zu haben. Jochen Seufert ist so ein Fall. Seit acht Jahren betreibt er im Nordend das portugiesisch geprägte Restaurant Lua Ruby September, zuerst an der einen Ecke der Kreuzung Hallgarten- und Rotlintstraße, jetzt an der anderen Ecke. Dabei ist er weder ausgebildeter Koch noch Portugiese. Doch was soll's, man kann alles lernen, Gastronom und auch Portugiese.

Einst hat der gebürtige Frankfurter, das Designstudium war so schnell abgebrochen wie aufgenommen, in der Batschkapp als Tontechniker gearbeitet. Als ein Caterer gesucht wurde, der die Bands satt macht, hat Seufert mit einem befreundeten Koch eben für Schnittchen gesorgt. Den Musikern muss es geschmeckt haben. Aus Schnittchen wurden Menüs, aus dem gelegentlichen Catering ein Betrieb, der nach und nach ganze Filmcrews versorgt hat. Gekocht hat Seufert seinerzeit in seiner Wohnung auf zwei Herdplatten.

Jedenfalls war es von da nicht mehr weit, mit seiner damaligen Partnerin einen eigenen Laden aufzumachen. Das Lua Ruby September wurde geboren – und so getauft, weil das erwartete Mädchen, für das der Name vorgesehen war, sich als Junge entpuppte. Seufert aber stand plötzlich in einer richtigen Restaurantküche bei laufendem Betrieb. In der ersten Zeit gehörte es auch zum Ton des Hauses, dass ab und an ein Fluchen aus der Küche drang. Doch mit der Zeit kam die Routine und mit der Routine die Gelassenheit. Was ihm an kochhandwerklicher Grundausbildung fehlte, hat er durch viel Einsatz wettgemacht. Übung macht den Koch. Und gute Zutaten eine gute Küche. Ob Butter, Mehl oder Huhn – es gibt wenig Restaurants in der Stadt, die so konsequent Bio-Zutaten verwenden wie das Lua Ruby September.

Gastronomie ist somit klar. Aber wie wird aus einem Frankfurter mit fränkischen Wurzeln ein halber Portugiese? Mit 18 Jahren war er zum ersten Mal dort und dann immer wieder. Fasziniert davon, dass wildfremde Menschen Hilfe angeboten und ihn zu sich eingeladen haben. Ein festes Band war geknüpft, das dazu geführt hat, dass im Norden des Nordends eine portugiesisch inspirierte Insel blüht. Zwischen hoch gewachsenen Pflanzen vor den großen Fensterfronten des Lua Ruby genießt man schon mittags einen Galão, alias Milchcafé, oder abends Wein und ein paar Petiscos, alias Tapas. »Ich will so viel wie möglich von Portugal hierherbringen«, sagt Seufert. Das reicht von den Tonschalen aus Caldas da Rainha über Bier aus Sagres bis zu einem Plastik-Jesus, der aus einer Nische grüßt. Die Liebe zu Portugal ist echt und manchmal auch ironisch.

Längst ist das Lua Ruby September für Seufert ein zweites Zuhause geworden – plus Gäste. Vielleicht ein bisschen so, wie ihn Portugiesen damals bei sich aufgenommen haben. So gehört es zum Konzept, dass es auch familiär zugeht. Auf dem Klavier steht eine Spardose, mit der Sohn Linus um eine Spende für ein neues Fahrrad bittet. An den Wänden, die immer auch Galeriefläche sind, hängen Portugal-Fotografien von einem befreundeten Fotografen. Zwischen Gastraum und Küche, im »Fernsehzimmer«, sitzt meist ein Stammgast beim Bier oder der Chef selbst gönnt sich einen Blick auf aktuelle Fußballergebnisse. Und wenn eine Speise von der kleinen Karte aus ist, dann ist sie eben aus. Zu Hause ist der Kühlschrank ja auch nicht immer voll.

Sonntags und montags abends lädt das Lua Ruby zum »Stammtisch«: eine lange Tafel, ein Menü samt Wein für 20 Euro. Die Getränke stehen auf dem Tisch. Am besten ist es, so Seufert, wenn die Gäste sich nicht kennen. Denn dann passiert am meisten – oft auch etwas, wonach man gar nicht gesucht hat.

PIKANTER ROTE-BETE-SALAT
MIT ÄPFELN

MARINIERTE KAROTTEN
MIT KORIANDER

MASSINHAS DE CAMARÃO
»Teigchen« mit Garnelen

★

SOPA DE GALINHA
Hühnersuppe

★

LULAS PROVINÇIAIS
Kalmare auf ländliche Art

FRANGO PIRI PIRI
Scharfes Hühnchen mit selbst gemachten Pommes

★

DOCE DE BOLACHA
Portugiesisches Tiramisu

PASTÉIS DE NATA
Puddingtörtchen »fast wie aus Belém«

Mit der Zeit kam die Routine und mit der Routine die Gelassenheit. Übung macht den Koch.

PIKANTER ROTE-BETE-SALAT MIT ÄPFELN

Eine Kindheit mit Rote Bete aus dem Glas hatte Folgen: Jochen Seufert konnte die Knolle nicht ausstehen. Bis er, natürlich in Portugal, diesen Salat mit roher Rote Bete vorgesetzt bekam. Das änderte alles. Längst hat das Gericht mit ordentlicher Knoblauch- und Koriandernote einen Stammplatz auf der Karte des Lua Ruby September.

Die Rote Bete schälen und in der Küchenmaschine oder mit einer Reibe fein raspeln. Das Gleiche geschieht mit den Äpfeln. Gut vermischen, bis sich die Äpfel rot gefärbt haben. Man soll sie gar nicht sehen, nur schmecken. Knoblauch und Koriander zugeben und mit den übrigen Zutaten – am Olivenöl nicht sparen – abschmecken. Etwas ziehen lassen.

Für 4–6 Personen
2 mittelgroße Rote Bete
3 säuerliche Äpfel, geschält und entkernt
3 Knoblauchzehen und
1 Bd. Koriander, fein geschnitten
Olivenöl
Saft von 2 Limetten
Salz, Pfeffer und scharfes Paprikapulver

MARINIERTE KAROTTEN MIT KORIANDER

Karotten mit Essig und Koriander. Klingt einfach und schmeckt einfach gut. Im Lua Ruby September gibt es sie als Vorspeise in kleinen Tontöpfchen. Mancher Gast bestellt sich aber auch gleich einen großen Teller davon. Auch hier gilt: Je mehr Bio, umso besser.

Die Karotten schälen und in Salzwasser gar, aber bissfest kochen. Abschütten und abkühlen lassen. Mit Olivenöl und reichlich Essig marinieren. Knoblauch und Koriander untermischen, mit Salz, Pfeffer und Kumin würzen. Durchziehen lassen, fertig.

Für 4–6 Personen
1 kg Karotten, in Scheiben geschnitten (nicht zu dünn)
8 EL Olivenöl
6 EL Apfelessig
2 Knoblauchzehen und
1 kleiner Bund Koriander, fein geschnitten
Salz, Pfeffer und Kumin

MASSINHAS DE CAMARÃO — »Teigchen« mit Garnelen

Die Massinhas de Camarão haben zwar einen portugiesischen Namen, ursprünglich kommen sie aber aus Franken. Das Rezept stammt nämlich von Jochen Seuferts Vater bzw. von seiner Großmutter: Mit Eiern oder mit Speck in der Pfanne angebraten waren sie die Lieblingsspeise des kleinen Jochen. Viele Jahre später servierte er die amorphen Klößchen eines Abends im Lua Ruby seinen Stammtischgästen. Die waren begeistert und halfen bei der Integration der Klößchen in die portugiesische Speisekarte. So wurden aus Mehlklößchen Massinhas, zu Deutsch »Teigchen«, die nach dem Kochen mit Tomatensauce und Garnelen in die Pfanne kommen. Portugiesisch ist eben, was schmeckt.

Aus Mehl, Milch, Gewürzen und Eiern einen glatten Teig herstellen. Er sollte nicht mehr ganz flüssig sein, sich aber noch vom Löffel lösen. Einen großen Topf Wasser aufsetzen, großzügig salzen. Mit einem Teelöffel kleine Klößchen ins sprudelnde Salzwasser geben. Wenn die Teigchen nach oben treiben, dürfen sie etwas ziehen. Mit einer Schaumkelle abfischen und abschrecken. Zur Seite stellen und etwas trocknen lassen – die Menge erlaubt es, zwischendurch das ein oder andere Teigchen zu naschen.

Für die Sauce Olivenöl in einer großen Pfanne erhitzen. Den Knoblauch darin anschwitzen, dann die Massinhas – für eine Vorspeise rechnet man drei pro Person – samt den Garnelen anbraten. Mit dem Weißwein ablöschen und die passierten Tomaten zugießen. Die Sauce etwas einkochen, mit Salz, Pfeffer und Piri Piri abschmecken.

Für 4 Personen
Teig
½ kg Mehl
etwa 400 ml Milch
1 EL Salz
½ TL Kumin
Rosenpaprika
3 Eier

3 EL Olivenöl
1 Knoblauchzehe, fein geschnitten
8 Garnelen (King Prawns)
200 ml trockener Weißwein
200 ml passierte Tomaten
Salz, Pfeffer und Piri Piri
(scharfes Chilipulver)

SOPA DE GALINHA — *Hühnersuppe*

Was man hat, das hat man. Und wer das Frango Piri Piri (siehe Seite 114) zubereitet, hat zwei Gerippe von Hühnern. Diese Karkassen sollte man, vor allem, wenn sie von Biohühnern stammen, auf keinen Fall wegwerfen, sondern das rausholen, was geht – zum Beispiel ein völlig unkompliziertes und kräftigendes Süppchen. Eine klare Sache.

2 Hühnerkarkassen
500 g Karotten und
1 kg Kartoffeln, geschält
und in Stücke geschnitten
Salz und Pfeffer

Die Karkassen in kaltem Wasser aufsetzen und aufkochen. Beim Kochen entsteht Schaum, der nur stört. Daher das gesamte Wasser abgießen. Das Fleisch abwaschen, in denselben Topf geben, mit frischem Wasser bedecken und ein zweites Mal aufsetzen. Zum Kochen bringen, die Hitze aufs Minimum reduzieren und mindestens eine Stunde köcheln bzw. simmern lassen. Wenn die Karkassen zu zerfallen beginnen, herausnehmen, das restliche Fleisch abzupfen. Eventuell die Brühe durch ein Sieb gießen. So ist garantiert, dass sich später keine Knochenstückchen in der Suppe finden. Die Karotten und Kartoffeln in der Brühe garen, das Fleisch zugeben und mit Salz und Pfeffer würzen. Je nach Lust und Laune kann man die Suppe noch mit anderen Gemüsen, Kräutern und Gewürzen in die gewünschte Richtung drehen.

LULAS PROVINÇIAIS — *Kalmare auf ländliche Art*

Kalmare, enge Verwandte von Tintenfischen (Sepia) und Kraken (Oktopus), gibt es hierzulande meist in der in Ringe geschnittenen und im Teigmantel frittierten Version. Calamares eben. Bei diesem Gericht, das Jochen Seufert von der Bar Berlim an der Algarve ins Nordend transportiert hat, ist das anders. Hier werden die Vertreter der maritimen Kopffüßler mit allem Drum und Dran serviert, also mit Haut, Innereien, Tintensack und Rückgrat, dem sogenannten Schulp, das so mancher Gast schon mal als »Plastik im Essen« moniert hat (tatsächlich bitte nicht mitessen). Wem diese Variante zu derb ist, kann die Kalmare natürlich auch ausnehmen. Jedenfalls sollten sie so frisch wie möglich sein. Das Motto: Aus dem Meer über die Pfanne schnell auf den Teller und von da sofort in den Mund.

Für 4 Personen (Hauptspeise)
etwa 30 kleine oder
20 mittelgroße Kalmare
Olivenöl
½ Bd. Petersilie, fein gehackt
2 Knoblauchzehen, fein geschnitten
250 ml Weißwein
½ Dose passierte Tomaten
Salz, Pfeffer und Rosenpaprika

Die Kalmare zusammen mit Olivenöl in eine große Pfanne geben und gemeinsam erhitzen. Nicht wundern, wenn sie beim Braten ordentlich schrumpfen. Gehackte Petersilie und Knoblauch kurz mitbraten, dann mit Weißwein ablöschen. Die passierten Tomaten unterrühren. Kurz weiterbrutzeln, bis sich die Sauce verbunden hat. Mit Salz, Pfeffer und Rosenpaprika abschmecken. Sofort verzehren.

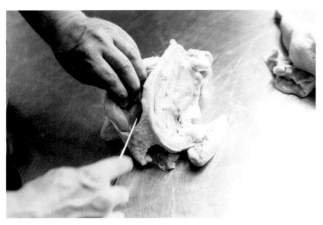 

FRANGO PIRI PIRI COM BATATAS FRITAS —
Scharfes Hühnchen aus dem Ofen mit selbst gemachten Pommes

Fleisch mit Pommes – wer einmal in Portugal war, weiß, dass viele Portugiesen genau das jeden Tag essen könnten. Ein Klassiker von der Algarve ist das Frango piri piri, ein feuerscharfes Huhn sozusagen. Piri Piri bezeichnet nämlich das feinste bzw. schärfste verfügbare Chilipulver. Eigentlich wird das Huhn gegrillt, aber im Lua Ruby September zeigt sich, dass das Gericht auch im Backofen funktioniert. Pro Person rechnet man einen Hühnerflügel, einen Schenkel und eine halbe Hühnerbrust. Jochen Seufert kauft immer ganze Biohühner. So bekommt er nicht nur bessere Qualität, sondern kann aus der Karkasse, also dem Gerippe, noch eine Suppe gewinnen (siehe Seite 113).

Die Hühner zerlegen: Zuerst die Flügel heraustrennen, dann die Schenkel und schließlich die Brust vom Gerippe trennen. Alle Schenkel, Flügel und Brusthälften in eine große Auflaufform legen. Kräftig salzen und pfeffern und mit etwas Rosenpaprika bestreuen. Die passierten Tomaten und den Limettensaft über die Fleischstücke gießen und mit einem Pinsel verteilen. Je nach Schärfeempfindlichkeit mehr oder weniger viel Piri Piri daraufstreuen – das Zeug hat es in sich. Nun kommt das Ganze bei maximaler Temperatur für etwa 25 bis 30 Minuten in den Ofen, bis das Fleisch gar ist, die Hühnerhaut mit der Tomatensauce kross verbacken ist und sich erste schwarze Stellen darauf bilden.

Während das Huhn im Ofen ist, die Kartoffeln schälen und in Schnitze schneiden. Öl in einem Topf oder in der Fritteuse erhitzen. Frittiert wird in zwei Gängen: Erst werden die Kartoffeln bei 150 Grad (also nicht ganz so heiß) für etwa drei Minuten »vorfrittiert«. Dann werden sie herausgenommen und das Öl wird auf 190 Grad gebracht. Hierin die Kartoffeln schön kross frittieren. Abtropfen und mit Salz würzen.

Das Fleisch – jede Person bekommt einen Flügel, einen Schenkel und eine Brusthälfte – mit den Pommes anrichten. Zu dieser scharfen Angelegenheit passt ein kühles Bier.

Für 4 Personen
2 Biohühner (à 1,3 – 1,5 kg)
Salz, Pfeffer und Rosenpaprika
1 kleine Dose passierte Tomaten
Saft von 2 Limetten
Piri Piri (scharfes Chilipulver)

8 – 12 mittelgroße Kartoffeln
(je nach Hunger)
1 l Sonnenblumenöl zum Frittieren

DOCE DE BOLACHA — *Portugiesisches Tiramisu*

Doce de Bolacha – »Süßes aus Keksen« – ist eine portugiesische Variante des Tiramisu. Kekse werden in Espresso getunkt, Mascarpone wird mit Eiern verrührt und natürlich wird geschichtet. Irgendwie hat diese Ruck-Zuck-Süßspeise etwas von Kindergeburtstag. Sollen auch die Jüngeren etwas vom Dessert abbekommen, ersetzt man den Espresso eben durch Getreidekaffee. Sind die Kinder aus dem Haus, kann man den Espresso noch mit einem Schluck portugiesischem Likör oder Amaretto anreichern. Portugiesisch original ist das Ganze übrigens nur, wenn man Kekse der Marke »Maria« verwendet. Warum? Tradition!

Das Eiweiß mit dem Puderzucker steif schlagen und kalt stellen. Das Eigelb mit dem Zucker schaumig schlagen, bis es weiß wird. Die Mascarpone einrühren, mit dem Zitronensaft verfeinern und den Eischnee unterheben. Jetzt geht es los: Jeweils einen EL Creme in Förmchen – Idealmaße: ein Keks passt genau hinein – geben. Einen Keks in Espresso tunken und auf die Creme in den Förmchen setzen. Nun kommt die nächste Schicht Creme, dann wieder ein Espressokeks, noch mal Creme und obendrauf ein dritter und letzter Keks. Kakaopulver darüberstreuen. Ab damit in den Kühlschrank, durchziehen lassen und schon mal die Löffel wetzen.

Für 6 Personen
4 Eier, getrennt
1 EL Puderzucker
4 EL Zucker
250g Mascarpone
1 Spritzer Zitronensaft
18 runde Butterkekse (Marke »Maria«)
2 starke Espressi, abgekühlt
Kakaopulver

PASTÉIS DE NATA — *Puddingtörtchen »fast wie aus Belém«*

Für Liebhaber der berühmtesten portugiesischen Süßspeise gibt es ein Mekka: Kaum jemand zweifelt daran, dass die besten Pastéis de Nata in der Pastelería de Belém im gleichnamigen Stadtteil von Lissabon gebacken werden. Auch für Jochen Seufert sind sie das ultimative Vorbild. Schon oft hat er versucht, eine Schachtel mit Puddingtörtchen aus Belém nach Frankfurt zu importieren. Vergeblich. Spätestens am Lissaboner Flughafen waren sie verputzt. Also tüftelt er im Lua Ruby September seit Jahren selbst an der Rezeptur. Hier der aktuelle Stand der Dinge. Er erfordert Geduld und Fingerspitzengefühl, weil man den Blätterteig selbst zubereitet (Schmalspurvariante: gekaufter Blätterteig). Wer die Mühe nicht scheut, ist mit diesen Pastéis tatsächlich ganz nah dran an Belém.

Zunächst das Mehl mit dem Wasser und Salz zu einem glatten Vorteig verarbeiten. Diesen für eine halbe Stunde im Kühlschrank ruhen lassen. Jetzt viel Mehl auf der Arbeitsfläche verteilen. Den Teig zu einem ein bis zwei Zentimeter dickem Quadrat ausrollen. Die weiche Butter auf der unteren Hälfte des Teigs verteilen, dabei an den Seiten einen Rand lassen. Diesen anfeuchten, damit der Teig besser zusammenklebt. Den Teig von oben nach unten zusammenklappen und die Ränder andrücken, damit die Butter eingeschlossen ist.

Nun wird in mehreren Stufen geklappt. Los geht es mit der »einfachen Tour«, bei der der Teig in drei Lagen gefaltet wird. Hierzu das linke Drittel nach innen, dann das rechte Drittel darüberklappen. Sollte Butter aus dem Teig quillen, das »Leck« mit Mehl kitten. Den Teig in ein Butterbrotpapier einschlagen und für zehn Minuten in den Kühlschrank stellen. Nicht länger, sonst wird die Butter zu fest. Den Teig wieder auf die bemehlte Arbeitsfläche legen und vorsichtig ausrollen. Eine Längsseite zu sich ziehen. Es folgt die »doppelte Tour«: Erst das linke Viertel, dann das rechte Viertel nach innen klappen, dann die rechte Hälfte über die linke Hälfte schlagen. Das Paket wieder in Butterbrotpapier einschlagen und für zehn Minuten kühlen. Anschließend wieder ausrollen und die doppelte Tour wiederholen. Immer darauf achten, dass die Butter im Teig bleibt. Noch einmal kühlen – genau: zehn Minuten. Zielgerade: Den Teig etwa zwei Zentimeter dick auswalgen und möglichst straff aufrollen. Die Teigrolle wieder in Backpapier wickeln und für mindestens eine Stunde in den Kühlschrank legen.

Zum Pudding: Den Zucker mit dem Wasser kochen, bis eine Art Sirup entsteht. Das dauert mindestens eine Viertelstunde. Den Sirup abkühlen lassen. In einem zweiten Topf 800 ml Sahne mit der Orangenschale, dem Mark und der Vanilleschote sowie dem Salz aufkochen, dann ebenfalls abkühlen lassen. In einer Schüssel die restliche Sahne mit dem Mehl glattrühren. Diese Mischung mit der abgekühlten Kochsahne vermischen. Durch ein Sieb gießen und den Sirup zugießen. Das Eigelb durch ein Sieb in die Sahnemischung passieren. Das Ganze noch einmal durch das Sieb drücken und in den Kühlschrank stellen.

Die Teigrolle aus der Kühlung holen und etwas straffen, also vorsichtig in die Länge ziehen. Die Rolle in fingerdicke Scheiben schneiden. Die so entstehenden Schnecken auf den Boden von Pastéis-Förmchen oder in eine Muffin-Form legen und mit angefeuchtetem Daumen bis zum Förmchenrand auseinanderdrücken. Die Teigformen zu etwa zwei Drittel mit dem Pudding füllen und bei »Volldampf« (maximale Hitze des Ofens) für 15 Minuten backen. Wenn sich dunkle Stellen auf der Puddingoberfläche bilden, sind sie fertig. Etwas abkühlen lassen und je nach Geschmack mit Puderzucker und/oder Zimt bestreuen. Und mmhhh.

Für etwa 30 Pastéis

Blätterteig

400 g Weizenmehl
250 ml Wasser (kalt)
1 Prise Salz
250 g Butter (Zimmertemperatur)

Pudding

500 g Rohrohrzucker
½ l Wasser
1 l Sahne
Mark von 1 Vanilleschote
1 Prise Salz
Schale von 1 Orange, abgeschnitten (nicht gerieben)
5 EL Mehl
13 Eigelb

Einen Blätterteig zuzubereiten erfordert Zeit. Erst kommt die einfache Tour, dann die doppelte Tour. Zwischendurch wartet man immer wieder mal. Eigentlich eine entspannte Sache.

SARDISCHE KÜCHE
Sardegna

Um es mal zuzuspitzen: Das Auffällige an vielen »Italienern« Frankfurts ist, dass sie einfach Italiener sind. Gastronomen, die italienischen Standard präsentieren. Caprese vorneweg, wahlweise Dorade vom Grill oder ein Kalbsschnitzelchen, hinterher ein Tiramisu und Ciao Grazie. So mag der Deutsche seinen Italiener. Dabei ist dieser doch auch Umbrier, Venezianer oder Lombarde, also jemand, der von Haus aus eine grandiose Regionalküche mitbringt. Die bietet er hier aber nicht an, weil der Deutsche ja nicht zum Umbrier oder Lombarden essen geht, sondern zum Italiener. »Wenn jeder von uns sich auf seine regionale Küche konzentrieren würde, wäre das für alle am besten«, sagt Küchenchef Luciano Piroddi. Er ist zwar Italiener, vor allem aber ist er Sarde. Und deswegen heißt das Restaurant, das er mit seinem Bruder Michele führt, auch nicht La Traviata oder so, sondern Sardegna.

Den Umgang mit Lebensmitteln hat Luciano Piroddi bei Mamma gelernt, zu Hause in Ilbono an der Westküste. Schon als Knirps wusste er, wie man Käse, Speck, Olivenöl oder Grappa herstellt. Mit acht Jahren schlachtete der kleine Lu sein erstes Ferkel (»zwischen die Beine klemmen, Kopf hochziehen und zack«). Mit 14, die Schule war soweit geschafft, tat er das, was seine sieben älteren Geschwister vor ihm auch alle getan hatten – er ging nach Deutschland, um in der Gastronomie zu arbeiten. Stationen waren prominente Adressen in München und Augsburg. Dann, vor nunmehr zehn Jahren, haben die Piroddi-Brüder das Sardegna eröffnet. Der Start war ein Fiasko. Am Eröffnungstag hatten sie von mittags bis nachts geöffnet – verkauft haben sie eine Cola. Auch danach stotterte es. Zum Sarden? Gehen wir doch lieber zum Italiener, mochten sich die Deutschen gedacht haben.

Doch das war einmal. Längst hat sich das Konzept bewährt. Das Sardegna wurde mehrfach und nicht zuletzt wegen seiner regionalen Spezialitäten ausgezeichnet. Und weil es gut läuft, haben sie direkt gegenüber mit dem L'Olivastro auch noch ein sardisches Spezialitätengeschäft aufgemacht. Das Erfolgsrezept? Luciano Piroddi glaubt an Qualität – und an Überzeugung. »Man kann ein Restaurant führen, um Geld zu verdienen, oder man macht es aus dem Herzen heraus. Macht man das, kommt auch irgendwann das Geld.«

Das Besondere an seiner Küche? Sie ist gleichzeitig traditionell und modern. Er hütet das »Original« – an den Pastateig kommt Schweineschmalz statt Ei, oft wird mit Fenchelsamen, aber auch mit Orange, Zitrone und Safran gewürzt –, nimmt sich aber auch die Freiheit, es zu interpretieren. Vor allem aber hat er einen wachen Geist. So sind Aufenthalte in Sardinien immer auch Forschungsreisen. »Wir bieten fast täglich mindestens ein Gericht an, das wir so noch nie hatten«, erzählt er. Das geht so: Sind die Zutaten eingetroffen, trommelt er seine Küchencrew zusammen. Jeder soll sagen, was er daraus kochen würde. Und dann? Piroddi grinst. »Dann suche ich mir von den Vorschlägen das Beste raus.«

Die Piroddis verstehen es, dem Rustikal-Sardischen eine angenehme Eleganz mitzugeben. Elegant ist, wie die Speisen gewürzt, komponiert und angerichtet sind; dass nicht nur die Nudeln selbst gemacht sind, sondern sogar die Cantuccini zum Espresso; dass die Kellner über jedes Gericht bestens Bescheid wissen. Überhaupt der Service: Präsent, aufmerksam, aber auch diskret. »Dieses Ciao-ciao, Dottore – das ist eine falsche Art, höflich zu sein«, sagt Luciano Piroddi. Er will eben nicht den Klischee-Italiener geben, sondern sein eigener Sarde sein.

TRILOGIA DI TATAR DI PESCE
Trilogie vom Fischtatar

CARPACCIO DI SIRBONE CON SALSA ALLA FRAGOLA E RUCOLA
Wildschwein-Carpaccio mit Erdbeersauce und Rucola

★

SPAGITUSU CUN BUTTARIGA
Spaghetti mit sardischem Kaviar

CULURGIONES SABORIUS
Sardische Maultaschen mit Kartoffel-Minz-Füllung

★

ROMBO ASSA LOCCERESE
Steinbutt im Kartoffelmantel mit Zucchini-Zwiebel-Gemüse

LOMBATA DI MUFLONE IN CROSTA AL CAFFÉ E POLENTA SOFICIE
Mufflonrückenfilet in Kaffeekruste mit Polenta und Rotweinpflaumen

★

BUDINO DI AMARETTO CON CRÈMA AL MANGO
Amaretto-Pudding mit Mangosauce

SEBADAS DE SARDEGNA
Frittierte Käsetaschen mit Honig

Ciao-ciao-Alarm gibt es im Sardegna nicht. Was nicht heisst, dass die Laune schlecht ist – im Gegenteil.

TRILOGIA DI TATAR DI PESCE — *Trilogie vom Fischtatar*

Es muss nicht immer Fleisch sein. Tatar kann man nämlich nicht nur aus Rindfleisch, Ei und Gewürzen herstellen. Auch Fisch und Meeresfrüchte eignen sich dafür hervorragend. Wichtig: Der Fisch sollte außerordentlich frisch sein und, nachdem er klein geschnitten wurde, nicht ungekühlt herumstehen. Am besten macht man Tatar also frisch und verzehrt ihn pronto. Im Sardegna kommen gleich drei unterschiedliche aromatisierte Vertreter aus dem Meer auf den Teller.

Erst einmal wird gehackt: die Muscheln; die gewaschenen und trocken getupften Scampi; der Thunfisch. Alles zu Tatar! Danach werden die Zucchini, der Chicorée, die getrockneten Tomaten und die Basilikumblätter sehr fein geschnitten. Von der Orange und einer halben Zitrone die Schale reiben, anschließend die Zitrone auspressen und aus der geschälten Orange quer möglichst breite Scheiben schneiden.

Jetzt geht es ans Angemachte: Den Thunfischtatar mit getrockneten Tomaten, Fenchelsamen, Basilikum, einem Schuss Olivenöl und einem Spritzer Zitronensaft vermischen, mit Salz und weißem Pfeffer würzen. Den Muscheltatar mit ordentlich Zitronenschale und etwas Olivenöl vermischen und ebenfalls würzen. An den Scampitatar kommt Orangenschale, zudem wieder Olivenöl, Zitronensaft, Salz und Pfeffer. Zum Anrichten auf jeden Teller je eine Menge Zucchini und Chicorée sowie eine Orangenscheibe geben. Luciano Piroddi nimmt hierbei runde Förmchen zur Hilfe. Auf den Zucchinigrund kommt der Muschel-, auf die Orange der Scampi- und auf den Chicorée der Thunfisch-Tatar. Dann die Trilogia nur noch aus der Küche und in den Mund bringen.

Für 4 Personen
4 Jakobsmuscheln
4 Scampi, geschält
120 g Thunfischfilet
1 kleine Zucchini
1 Chicorée
4 getrocknete Tomaten
einige Blätter Basilikum
1 Orange und 1 Zitrone
1 TL Fenchelsamen
Olivenöl
Salz und weißer Pfeffer

Mit Pasta kann man sogar dekorieren – sei es, dass einzelne Spaghetti kross frittiert oder aus Resten von Nudelteig schmucke Streifen gebacken werden.

CARPACCIO DI SIRBONE CON SALSA ALLA FRAGOLA E RUCOLA — *Wildschwein-Carpaccio mit Erdbeersauce und Rucola*

Wildschwein ist auf Sardinien ein beliebter Tellergenosse. Sein Fleisch wird zu festlichen Anlässen gegrillt oder geschmort. In diesem Rezept bleibt die Küche kalt – das Wildschwein auch. Dafür wird es in hauchdünne Scheiben geklopft, mit einer aparten Sauce aus Erdbeeren und Balsamico beträufelt und nussig-scharf von Pinienkernen und Rucola begleitet. Wildschwein ganz fein.

Das Wildschweinfilet sechs bis acht Stunden in Mirto marinieren. Für die Fruchtsauce die Erdbeeren pürieren. Mit Balsamico, Zitronensaft, Salz und weißem Pfeffer abschmecken. Vor dem Anrichten das Fleisch in dünne Tranchen schneiden. Diese zwischen einen aufgeschnittenen Gefrierbeutel legen und mit einem ebenen Gegenstand flachklopfen. Je dünner, desto delikater. Die Scheiben auf Tellern anrichten und salzen. Den Rucola und die Pinienkerne über das Fleisch streuen und mit der Fruchtsauce nappieren.

Für 6 Personen
400 g frisches Wildschweinfilet
200 ml Mirto Rosso
(sardischer Likör)
200 g Erdbeeren, entstielt
Balsamico
Zitronensaft
Salz und weißer Pfeffer
1 kleiner Bd. Rucola,
in Stücke geschnitten
4 EL Pinienkerne, geröstet

SPAGITUSU CUN BUTTARIGA — *Spaghetti mit sardischem Kaviar*

Dieses Gericht ist ruck, zuck zubereitet – sofern die zentrale Zutat zur Hand ist. Buttariga, auf Italienisch Bottarga, ist so etwas wie sardischer Kaviar. Für diesen wird Meeräschen der Rogen stibitzt, der in einem Sack am Bauch der Fischweibchen hängt. Der gefüllte Sack wird in Salz gepresst, getrocknet und für den Verzehr fein zerrieben. Gute Buttariga kann man daran erkennen, dass noch ein Stück vom Fischbauch an dem Rogensack hängt – und am Geschmack: Rauchig-würzig und nach frischem Fisch sollte sie schmecken. In Frankfurt bekommt man sie zum Beispiel im L'Olivastro, dem sardischen Spezialitätengeschäft direkt gegenüber vom Sardegna. Natürlich kann man auch die Spagitusu, Sardisch für Spaghetti, selbst zubereiten (500 g Weizenmehl Typ 405, 8 Eigelb, 200 ml lauwarmes Wasser und 1 Prise Salz verkneten, ruhen lassen, ausrollen, schneiden, kochen) – dafür sollte man allerdings stolzer Besitzer einer Nudelmaschine sein.

Die Spaghetti in Salzwasser al dente kochen. Abgießen, dabei etwas vom Nudelwasser aufheben. In einer großen Pfanne reichlich Olivenöl erhitzen und den Knoblauch darin Farbe nehmen lassen. Die Spaghetti zugeben und gut durchschwenken. Eine kleine Schöpfkelle Nudelwasser hinzufügen. Die Petersilie und etwa drei EL Buttariga untermischen. Jetzt nicht mehr erhitzen, da der Rogen sonst zu salzig wird. Die Nudeln servieren und auf jeden Teller noch einen EL Buttariga streuen.

Für 4 Personen
500 g Spaghetti Nr. 3
(dünne Spaghetti)
Olivenöl
4 Knoblauchzehen, in
Scheiben geschnitten
1 Bd. krause Petersilie,
fein geschnitten
6–8 EL Buttariga, gerieben

CULURGIONES SABORIUS — *Sardische Maultaschen mit Kartoffel-Minz-Füllung*

Culurgiones sind so etwas wie Maultaschen in Halbmondform und auf Sardinien ein Klassiker. Wie bei Spezialitäten üblich, gibt es sie in unzähligen Varianten. So werden sie je nach Region mit Kartoffeln, mit Fleisch oder mit Spinat und Ricotta gefüllt. Luciano Piroddi hält sich an das, was er die »Originalversion« nennt: An den Teig kommen Mehl und Schweineschmalz, die Füllung besteht aus Kartoffeln, Pecorino und Minze, sonst nichts. Einfachste Zutaten für eine überaus sättigende Mahlzeit. Für einen Zwischengang reichen drei Stück pro Nase, als Hauptgang ist die Grenze nach oben offen. Und wenn noch Teig übrig ist, kann man aus diesem Sebadas machen – siehe Seite 136.

Aus Mehl, Wasser und Schweineschmalz einen glatten Teig kneten. Diesen eine halbe Stunde ruhen lassen. In dieser Zeit die Kartoffeln gar kochen. Parallel die Zwiebelwürfel in Olivenöl scharf anbraten. Die noch warmen Kartoffeln pellen und stampfen. Die Zwiebeln und die Käse untermischen (etwas Pecorino zurückbehalten). Die Minze zufügen und mit Salz und Pfeffer würzen.

Zurück zum Teig. Diesen auf einer bemehlten Fläche dünn ausrollen. Für die Culurgiones Kreise von 10 Zentimeter Durchmesser ausstechen. Auf jeden Kreis eine walnussgroße Menge der Füllung geben. Wer eine Empanadas-Form hat, verschließt die Culurgiones damit, wer nicht, klappt die Teigstücke zusammen und drückt den Rand mit einer Gabel zu. Die gefüllten Teigtaschen in reichlich sprudelndes Salzwasser geben. Steigen sie an die Oberfläche, noch eine Minute ziehen lassen, dann herausnehmen.

Zu den Culurgiones gibt es Kräuteröl. Einfach die frischen Kräuter in einer großen Pfanne in heißem Olivenöl schwenken, die Nudeltaschen kurz mitschwenken, auf Teller geben und mit geriebenem Pecorino bestreuen.

Für 6 Personen

Teig
500 g Pastamehl (aus Hartweizen)
200 ml lauwarmes Wasser
70 g Schweineschmalz (Zimmertemperatur)
1 Prise Salz

Füllung
350 g mehlig kochende Kartoffeln
½ Gemüsezwiebel, sehr fein gewürfelt
Olivenöl
200 g lange gereifter Pecorino (16 Monate), gerieben
35 g Casu Acedu (sardischer Schafskäse, alternativ Feta), zerbröselt
1 kleine Handvoll Minzeblätter, fein geschnitten
1 EL Salz und 1 TL weißer Pfeffer
Mix frischer Kräuter (Rosmarin, Thymian, Salbei, Petersilie o. ä.), fein geschnitten

Außen Schweineschmalz und Mehl, innen Kartoffeln und Käse – mehr Landküche geht kaum. Hinzu kommt nur noch etwas Minze.

Heute trägt der Steinbutt mal ein Kleid aus dünnen Kartoffelscheiben. Sind diese knusprig, ist der Fisch gar.

ROMBO ASSA LOCCERESE —
Steinbutt im Kartoffelmantel mit Zucchini-Zwiebel-Gemüse

Ob ein Schnitzel in der Panade oder ein Fisch unter einer Salzkruste – es ist eine bewährte Methode, Fisch und Fleisch in einer sich durch Hitze verschließenden Hülle und dadurch im eigenen Saft zu garen. Dieses Rezept ist eine simple Version des »Garens unter Verschluss«, auch wenn dieser hier nicht ganz dicht ist: Ein ganzer Steinbutt aus der Familie der Plattfische bekommt ein schuppiges Kartoffelkleid übergelegt und wird unter dieser zur Kruste verbackenden Schicht gegart. Das ist günstig, sieht flott aus und liefert eine knusprige Beilage gleich mit. Was will man mehr?

Den ausgenommenen Fisch mit Olivenöl bestreichen und mit einem kräftigen Schluck des Vernaccias übergießen. Von innen und außen kräftig salzen und auf ein Backblech legen. Die Kartoffeln in möglichst dünne Scheiben schneiden, besser noch hobeln. Mit diesen den gesamten Fisch schuppenartig belegen. Noch einmal mit Olivenöl beträufeln, salzen, pfeffern und mit einer dünnen Schicht Semmelbrösel überziehen. Die sorgt später für eine schöne Kruste. Einen ordentlichen Schuss Vernaccia und den Fond neben den Butt auf das Blech gießen und das Ganze für 25 bis 30 Minuten in den auf 180 Grad vorgeheizten Backofen geben, bis der Fisch gar und die Kruste schön kross ist. Eventuell in den letzten Minuten den Grill anschmeißen.

Für die Gemüse zwei große Pfannen mit je einem kräftigen Schluck Olivenöl erhitzen. In der einen die Zwiebelscheiben mit dem Lorbeer leicht Farbe nehmen lassen und in aller Ruhe bei gemäßigter Hitze gar dünsten – Biss sollen sie aber behalten. Mit Salz und Pfeffer würzen. In der zweiten Pfanne mit den Zucchinischeiben genauso verfahren, nur werden diese mit Oregano und Minze verfeinert.

Die Sauce entsteht so: Olivenöl in einem Topf erhitzen, Knoblauch und Kräuter darin schwenken. Mit Weißwein und Vernaccia ablöschen und den Fischfond zugießen. Die Sauce auf die Hälfte reduzieren. Zum Schluss ein in Mehl gewendetes Stück Butter in die Sauce einrühren, das macht sie schön sämig. Durch ein Sieb gießen und abschmecken. Jetzt wird gegessen: Die Zucchinischeiben auf Teller legen, die Zwiebeln daraufbetten. Im Sardegna kommt der Steinbutt ganz auf den Tisch und wird dann vor aller Augen filetiert und verteilt. Die Kartoffelscheiben und die Sauce dazureichen.

Für 4 Personen
1 Steinbutt (1,5 – 1,8 kg), vom Fischhändler ausgenommen
Olivenöl
150 ml Vernaccia di Oristano
3 – 5 festkochende Kartoffeln, geschält
4 EL Semmelbrösel/Paniermehl
150 ml Fischfond
Salz und Pfeffer

Gemüse
Olivenöl
2 große Gemüsezwiebeln, in feine Scheiben geschnitten
1 Lorbeerblatt
3 Zucchini, in Scheiben geschnitten
Salz und Pfeffer
frischer Oregano
einige Minzeblätter, in feine Streifen geschnitten

Sauce
Olivenöl
1 große Knoblauchzehe, in dünne Scheiben geschnitten
1 Lorbeerblatt
etwas Salbei und Rosmarin
150 ml trockener Weißwein
150 ml Vernaccia di Oristano
150 ml Fischfond
1 kleines Stück Butter, in Mehl gewendet

LOMBATA DI MUFLONE IN CROSTA AL CAFFÉ E POLENTA
SOFICIE — *Mufflonrückenfilet in Kaffeekruste mit Polenta und Rotweinpflaumen*

Vorhang auf für diese sardische Operette: Mariniertes Fleisch in einer Espressokruste plus mit Pilzen aromatisierte Polenta plus eine vor Kraft strotzende Sauce plus weihnachtliche Pflaumen und obendrauf als Gegengewicht zur leicht bitteren Kruste noch ein Klecks Milchschaum. Jesses, ein Gericht für ein Fest. Mufflons sind übrigens eine Unterart von Wildschafen. In Europa leben die Tiere mit den wie ein Schneckenhaus gedrehten Hörnern vorwiegend auf Inseln – Zypern, Korsika und eben Sardinien. Das macht es zwar nicht leicht, sie hier auf den Teller zu bekommen, Umfragen bei guten Metzgern haben aber ergeben, dass es nicht unmöglich ist. Falls doch, verwendet man Hirsch oder Reh.

Die Marinade ansetzen und das Fleisch darin 24 Stunden lang einlegen. Zeitsprung: Für die Panade Paniermehl in der Pfanne leicht bräunen, die Kräuter untermischen, aber nicht mehr weiter erhitzen. Die Masse abkühlen lassen, anschließend den gemahlenen Espresso zugeben. Gut vorbereiten lassen sich auch die Rotweinpflaumen: Alle Zutaten in einen Topf geben und aufkochen, dabei rühren, damit sich der Zucker auflöst. Den Sud einreduzieren. Fertig.

Nun zur Polenta: Zwiebeln, Pilze, Knoblauch und Salbei in einer Pfanne mit etwas Olivenöl anschwitzen. In einem großen Topf (ideal ist ein Aluminiumtopf) die Fleischbrühe aufkochen. Die Polenta unter Rühren einrieseln lassen. Zwiebeln, Pilze und Butter dazugeben. Polenta will ständig gerührt werden, sonst klebt sie beleidigt am Topf fest. Das dauert bei Polenta, die nicht vorgegart wurde, etwa 20 Minuten. Fertig ist sie, wenn sie nicht mehr am Topfrand hängen bleibt. Mit Bedacht salzen. Die Polenta in eine Auflaufform geben und abkühlen lassen.

Die Filets aus der Marinade nehmen und trocken tupfen. Salzen und pfeffern, dann in der Panade wenden. In einer Pfanne Öl erhitzen und das Fleisch bei mäßiger Temperatur von allen Seiten Farbe nehmen lassen. Jetzt kommt es in den auf 190 Grad vorgeheizten Ofen und darf darin ziehen – vier bis acht Minuten, je nachdem, wie rot das Fleisch sein soll. Herausnehmen und an einem warmen Ort ruhen lassen.

In der Fleischpfanne die Knoblauchzehe anbraten und wieder herausnehmen. Den Ansatz mit dem Rotwein auslösen, dann Fond und Mirto zugießen. Die Sauce reduzieren, bis sie sämig wird. Salzen, pfeffern und eventuell mit einem Schuss Mirto abrunden.

In der Zwischenzeit die Polenta in Stücke schneiden (Rauten, Quadrate, Kreise – alles geht) und diese in einer zweiten Pfanne in etwas Olivenöl goldbraun braten. Das Fleisch in Tranchen schneiden. Mit den Polentastücken und den Rotweinpflaumen anrichten und mit der Sauce nappieren. Das Ganze mit einem Klecks Milchschaum krönen. Dazu passt Gemüse jeder Art.

Für 4 Personen
4 Rückenfilets vom Mufflon
(je 120–180 g)
Salz und Pfeffer

Marinade
400 ml Rotwein
1 Stange Staudensellerie, 1 Karotte,
¼ Gemüsezwiebel und
1 kleiner Fenchel, alle fein gewürfelt
½ Orange, Schale gerieben,
Fleisch in Stücke geschnitten
1 Lorbeerblatt, 8 Wacholderbeeren
und 3 Nelken

Panade
4 EL Paniermehl
Mix aus Rosmarin, Thymian,
Fenchelzweig, fein geschnitten
4 EL gemahlener Espresso

Rotweinpflaumen
150 g getrocknete Pflaumen
200 ml Rotwein
1 Lorbeerblatt, 3 Nelken und
1 Zimtstange
geriebene Schale von 1 Orange
80 g Zucker

Polenta
⅛ Gemüsezwiebel, 1 Champignon,
½ Knoblauchzehe, 1 Austernpilz und
einige Salbeiblätter, alles fein geschnitten
Olivenöl
500 ml Fleischbrühe
150 g Polenta (Maisgries)
1 EL Butter

Sauce
1 EL Pflanzenöl
1 Knoblauchzehe, zerdrückt
100 ml Rotwein
100 ml Fleischfond
100 ml Mirto Rosso (sardischer Likör)
Milchschaum zum Anrichten

Während der Pudding erkaltet, setzen sich die Amarettini-Brösel unten ab. Doch dann kommt der Umsturz und sie landen wieder oben.

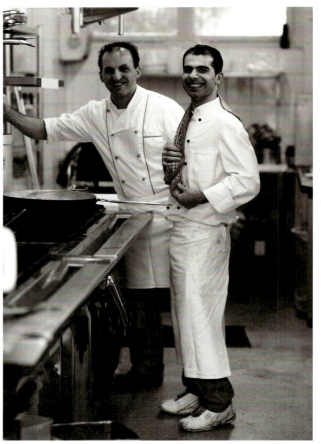

BUDINO DI AMARETTO CON CRÈMA AL MANGO —
Amaretto-Pudding mit Mangosauce

Dieser Budino ähnelt einer Panna Cotta. Farblich und geschmacklich hat er indes einiges mehr zu bieten. Dahinter stecken nicht zuletzt Amaretto und zerbröselte Amarettini, die der Creme Pfiff und Mandelaroma geben. Nach dem Erkalten und Stürzen offenbart der Budino zwei Farbschichten: oben Capuccino, unten Latte Macchiato. Und die Konsistenz? Gelungen ist der Pudding, wenn er beim Transport an den Tisch hin und her wackelt.

Zur Vorbereitung Milch und Sahne in einem Topf mit Orangen- und Zitronenschale sowie dem Vanillemark aufkochen. Vom Herd nehmen und ziehen lassen, je länger, umso besser. Im Sardegna sind es sechs Stunden.

Weiter geht's: Das Eigelb mit dem Zucker cremig aufschlagen. Die Milch wieder erwärmen und durch ein Sieb schütten. Die Gelatine sorgfältig ausdrücken und in eine Schüssel geben. Darauf die warme (aber nicht heiße) Milch-Sahne-Masse geben und durchrühren, bis sich die Gelatine aufgelöst hat. Anschließend die Eigelb-Masse einrühren. Dabei nicht zögern, damit die Eigelbe nicht gerinnen. Amaretto zugeben. Das Eiweiß zu Schnee aufschlagen, die Keksbrösel untermischen und vorsichtig unter die Sahne-Masse heben. Die Creme in Förmchen füllen und für mehrere Stunden kalt stellen. Damit sich keine Haut bildet, sollten die Budinos noch warm in den Kühlschrank kommen.

Für die Mangosauce die Zutaten zusammen in einen Topf geben und aufkochen. Bei niedriger Temperatur weiterköcheln, bis das Wasser nahezu verdampft ist und die Masse eine sämige Konsistenz annimmt. Abkühlen lassen. Zum Servieren je einen Pudding auf einen Spiegel aus Mangosauce stürzen. Je nach Saison passen noch frische Beeren dazu.

Für 6 Personen

Pudding
¼ l Sahne
¼ l Milch
geriebene Schale von
½ Orange und ½ Zitrone
1 Vanillestange
3 Eier, getrennt
3 EL Zucker
4 Bl. Gelatine,
in kaltem Wasser eingeweicht
2 cl Amaretto
200 g Amarettini, zerstoßen

Mangosauce
500 g vollreife Mango,
geschält und entkernt
130 g Zucker
½ Liter Wasser
Saft von 2 Zitronen
2 EL Honig
evtl. Brom-, Him- oder
Johannisbeeren zum Garnieren

SEBADAS DE SARDEGNA — *Frittierte Käsetaschen mit Honig*

In der aktuellen Gastroszene ist eine Kombination von Käse und Honig schwer in Mode. Auf Sardinien wird sie schon seit Jahrhunderten zelebriert, wie sich an den Sebadas zeigt. Laut Luciano Piroddi hat diese Süßspeise auch arabische Wurzeln. Letztlich ist sie eine Abwandlung der Culurgiones, wird sie doch aus dem gleichen Teig hergestellt. Dieser wird hier allerdings nicht in Wasser gekocht, sondern in Fett frittiert. Dabei blähen die Teigtaschen übrigens in der Mitte auf – sardische Ufos, die durch die unendlichen Weiten heißen Fettes schweben.

Den Teig wie auf Seite 128 beschrieben zubereiten. Für die Sebadas wird er dünn ausgerollt, dann zwölf etwa 14 Zentimeter große Kreise ausstechen. Auf sechs Kreise je eine Scheibe Pecorino und geriebene Zitronenschale geben. Jeder Kreis bekommt einen Deckel – einen zweiten Kreis. Die Ränder mit einer Gabel gut zusammendrücken. Wer es besonders akkurat mag, kann die Sebadas danach noch einmal ausstechen.

Die Teigtaschen in reichlich heißem Pflanzenöl – sie müssen schwimmen – ausbacken. Das dauert gut zehn Minuten. Die Ufos immer wieder mit Öl übergießen, damit sie gleichmäßig frittiert werden. Alternativ kann man sie natürlich auch in der Fritteuse ausbacken. Herausnehmen und mit Honig beträufeln (oder mit Puderzucker bestreuen).

Für 6 Personen

Teig
250 g Pastamehl (aus Hartweizen)
35 g Schweineschmalz
(Zimmertemperatur)
100 ml lauwarmes Wasser
1 Prise Salz

Füllung
250 – 300 g junger, milder Pecorino,
in 6 Scheiben geschnitten
Schale von 2 Zitronen, gerieben
Pflanzenöl zum Frittieren
Honig zum Beträufeln

Ein klassisch sardisches Dessert: Teig-Ufos mit Käse im Herzen und ganz ohne Zucker. Für Süße sorgen allein ein paar Tropfen Honig.

NEUE FEINE KÜCHE

Seven Swans

Was ist ein Restaurant? Ein Ort, an dem man isst und dafür Geld bezahlt. Ob Gourmet-, Bahnhofs- oder Schnellrestaurant – das Prinzip ist überall das gleiche. Doch die Familie der Restaurants ist gewachsen. In Frankfurt gibt es längst auch Konzepte der anderen Art. Temporäre Angebote wie die Freitagsküche, wo sich ein Raum nur an bestimmten Tagen in ein Restaurant verwandelt. Kochschulen, die nach dem Kochkurs zum Restaurant für die Teilnehmer werden. Bleiben die »Privaten« – Restaurants in Wohnzimmern oder an besonderen Orten, zu denen man nur Zugang erhält, wenn man zur richtigen Zeit am richtigen Ort ist.

Das Seven Swans ist ein solches Privatrestaurant. Seine Exklusivität erzwingen schon die objektiven Bedingungen, denn hier am Mainkai 4 steht das wahrscheinlich schmalste Haus der Stadt. Vom Keller bis hoch auf die Dachterrasse strecken sich sieben spindeldürre Ebenen. Neben eine Treppe, die sich auf minimalem Raum nach oben windet, und einen Aufzug, in dem man sich schon zu zweit näher kommt, passt gerade noch ein Raum, der den Namen auch verdient. Kurzum: Die Sache ist eng, der Platz rar. Mit so einem Haus fängt man entweder gar nichts an – oder eben etwas ganz Besonderes.

So ist es kein Zufall, dass Simon Horn, Betreiber des Souterrain-Restaurants Blumen, nun auch für das Seven Swans verantwortlich ist. Mit dem Blumen, Veranstaltungen unter dem Label Seeblick und außergewöhnlichen Caterings hat er bewiesen, dass er genau solche Herausforderungen liebt. Er entwickelt Konzepte, die neuartig sind, ungewohnt, exklusiv und dadurch provokant. Doch das ficht ihn nicht an. Um auf neue Ideen zu kommen, ist er ständig unterwegs in der Stadt, raus aus dem Frankfurt des Immergleichen. Oder noch weiter: Vor der Eröffnung des Seven Swans machte er etwa eine Entdeckungsreise nach Japan. Auch das Seven Swans ist in vielerlei Hinsicht japanisch – weil jeder Zentimeter Raum genutzt wird, Design in jedem Detail steckt und der Zugang beschränkt ist.

Auf sieben Ebenen stapeln sich also die Räume mit unterschiedlichen Funktionen. Im »Kitchen Lab« kann man selbst kochen oder kochen lassen, im Restaurant ist der Gast König, Bar ist klar. In den restlichen Stockwerken befinden sich sogenannte Functional Rooms, die als Büro und als Apartment für einen begrenzten Aufenthalt vermietet werden. Das Restaurant liegt im dritten Stock. Ein schmaler Raum, links und rechts weiße Vorhänge, an der Spitze ein Erker aus Glas mit Blick auf Main, Alte Brücke und Neuen Portikus. Das hat schon was.

Regelmäßig lädt Simon Horn per Mail zum Dinner, maximal sind 18 Plätze zu vergeben. Die Menüs sind so zusammengestellt, wie man sie aus dem Blumen kennt. Mal hoch komplex, mal einfach, immer aber besonders. Aus der Küche von Simon Horn und Köchin Kimberley Unser kommen Suppen, in denen sich schichtweise die Aromen ändern, ebenso wie das Apfelweinbrot mit Handkäsesalat und Kräuterbutter. Neben den samstäglichen Menüabenden kann man die Räume auch mieten. Als Ort für ein anspruchsvolles Geschäftsessen, als konspirative Fläche für eine kreative Zusammenkunft, als Raum für einen besonderen Abend. Das Seven Swans ist eine urbane Schatzinsel, die sich nach den Wünschen ihrer Gäste und Macher immer wieder verändert. Einzige Kontinuität sind die sieben Stockwerke. Und so erklärt sich auch der Name: Auf der Maininsel gegenüber leben Vögel aller Art. Im Herbst aber, sobald es ungemütlich wird, ziehen sie alle Richtung Süden. Nicht alle: Sieben Schwäne bleiben der Insel treu.

HANDKÄSESALAT AUF APFELWEIN-
CROSTINI MIT KRÄUTERBUTTER

★

GEBRATENER OKTOPUS
MIT PORTWEIN-TOMATEN-SAUCE
AUF ZITRUS-BOHNEN-SALAT

ROULADE MIT ZITRONENBIRNE,
PETERSILIE-SENF-KARTOFFELPÜREE
UND LAUCHGEMÜSE

FORELLE MIT DREI SORTEN PFEFFER
AUF APFEL-SELLERIE-SALAT MIT
MEERRETTICHSCHAUM

★

HIMBEERMOUSSE AUF POPCORN-
KARAMELL-TALERN

SCHOKOLADENKÜCHLEIN MIT
APFELKOMPOTT UND LAVENDELHIPPE

Der Raum ist eng, der Platz rar. Mit diesem Gebäude kann man eigentlich gar nichts anfangen – oder etwas ganz Besonderes.

Da freut sich das lokalpatriotische Herz: Die heiligen drei Frankfurter – Handkäse, Apfelwein und Grüne-Soße-Kräuter – vereint in einer Stulle.

HANDKÄSESALAT AUF APFELWEIN-CROSTINI MIT KRÄUTERBUTTER

Handkäse, Apfelwein und Grüne-Soße-Kräuter – die heiligen drei Frankfurter in einer Stulle. Stärker kann man das Lokale nicht verdichten. Das Gericht funktioniert als deftig-heftige Vorspeise ebenso wie als Abendessen. Von dem Apfelweinbrot, aus dem Crostini gebraten werden, benötigt man nicht den ganzen Laib. Aber morgen ist ja auch noch ein Tag.

Zunächst wird Brot gebacken. Das Mehl mit der Hefe vermischen. Den Apfelwein zugießen und mit Öl, Salz und Zucker zu einem Teig verarbeiten. Kräftig kneten. Der Teig soll elastisch werden und nicht mehr kleben, bei Bedarf noch Mehl oder Apfelwein zufügen. Zugedeckt an einen warmen und zugfreien Platz stellen und stehen lassen, bis sich sein Volumen verdoppelt hat. Noch einmal kurz durchkneten. Dann kommt der Teig in eine geölte Form oder man formt ihn zu einem Laib und legt ihn auf ein mit Backpapier ausgelegtes Blech. In den kräftig vorgeheizten Backofen schieben. Nach wenigen Minuten die Temperatur auf 180 Grad reduzieren. Nach etwa 30 weiteren Minuten ist das Brot fertig.

Auch die Kräuterbutter muss vorbereitet werden. Die entstielten und fein geschnittenen Kräuter mit dem Salz über die Butter streuen. Die Butter mit einer Gabel zerdrücken und mit den Kräutern gut vermischen. In eine Form streichen und kalt stellen.

Zum Käse: Den Handkäse in kleine Würfel schneiden und in eine Schüssel geben (die Würfel trennen, Handkäs' stinkt nicht nur, er klebt auch wie Kleister). Die Zwiebeln untermischen. Mit Essig und Öl anmachen. Die Schüssel verschließen und den Salat durchziehen lassen.

Zum Servieren von dem Brot pro Person ein oder zwei Scheiben abschneiden. Butter (nicht die Kräuterbutter) in einer großen Pfanne erhitzen und die Brotscheiben darin anrösten und noch einmal leicht salzen. Herausnehmen, großzügig mit der Kräuterbutter bestreichen und den Handkäsesalat obenauf setzen, dabei nicht kleckern, sondern klotzen. Mit Schnittlauch garnieren.

Für 4–6 Personen

Crostini
1 kg Mehl
3 Pck. Trockenhefe
½ l warmer Apfelwein
1 Schuss Pflanzenöl
2 TL (gestrichen) Salz und
1 Prise Zucker
Butter zum Anbraten und Salz

Kräuterbutter
2 Handvoll Gartenkräuter
(z. B. Grüne-Soße-Kräuter),
fein geschnitten
125 g Butter (weich)
½ TL grobes Meersalz

Handkäsesalat
500 g Handkäse (nicht zu reif)
1–2 Zwiebeln, fein gewürfelt
8 EL Rapsöl
4 EL Weißweinessig

Schnittlauch zum Garnieren,
fein geschnitten

GEBRATENER OKTOPUS MIT PORTWEIN-TOMATEN-SAUCE AUF ZITRUS-BOHNEN-SALAT

Zart wie Butter oder zäh wie Autoreifen – in der Küche ist Oktopus schon manchem zum Verhängnis geworden. Da ein weich gekochter Oktopus keine rabiaten Temperaturschwankungen mag, sollte man ihn nie direkt aus dem heißen Sud herausnehmen, denn dann wird er wieder zäh. Dieses Gericht funktioniert sowohl als Zwischen- wie auch als Hauptgang. Da sich Oktopus und der Bohnensalat sehr gut vorbereiten lassen, kann man es bei einem aufwendigen Menü in wenigen Minuten stressfrei anrichten. Und mit dem Kochsud hat man für den nächsten Tag schon eine leckere Suppe parat, die nur noch abgeschmeckt werden muss. Falls vom Oktopus noch Stücke übrig sind, kann man diese in die Suppe geben.

Wein oder Fond mit den passierten Tomaten in einen Topf geben. Den Oktopus, Salz, Pfeffer, Lorbeerblätter und Essig hinzufügen. Das Ganze zum Kochen bringen, dann die Temperatur reduzieren und etwa 45 Minuten leise köcheln lassen. Den Topf vom Herd nehmen. Abkühlen lassen, bevor man den Oktopus herausnimmt. Den Sud aufheben.

Während der Oktopus im Topf ist, die eingeweichten Bohnen in Wasser kochen. Die Zitronenschale mitkochen. Das Wasser nicht salzen, dadurch würde sich die Garzeit deutlich verlängern. Wenn die Bohnen weich bzw. bissfest sind, werden sie abgesiebt. Für das Dressing Olivenöl und Zitronensaft verrühren und mit Salz und Pfeffer abschmecken. Die Bohnen unterheben, den Koriander zugeben und das Ganze ziehen lassen.

Kurz vor dem Servieren vom Oktopus die Arme ab- und den Rest in Stücke schneiden. Olivenöl in einer Pfanne mit einer zerdrückten Knoblauchzehe, Rosmarin und Thymian erhitzen, die Oktopusstücke darin goldbraun braten. Dabei salzen und pfeffern. Das Ganze mit einem kräftigen Schluck Portwein ablöschen. Anschließend etwas Kochsud in die Pfanne geben und kurz mitköcheln lassen. Abschmecken.

Den Bohnensalat mittig auf vier Teller geben und aparte Oktopusstücke – am dekorativsten sind die Arme – daraufsetzen. Die Sauce um den Bohnensalat herum anrichten. Und dann zu Tisch. Im Seven Swans werden dazu übrigens noch fein gehobelte und in Erdnussöl frittierte Kartoffelscheiben gereicht.

Für 4 Personen

Oktopus
½ l Weißwein oder Fond
½ l passierte Tomaten
1 kleiner Oktopus
1 TL Salz und 1 EL Pfefferkörner
3 Lorbeerblätter
1 Spritzer Weißweinessig
2 EL Olivenöl
1 Knoblauchzehe, zerdrückt
Rosmarin und Thymian
Salz und Pfeffer
roter Portwein zum Ablöschen

Bohnensalat
500 g kleine weiße Bohnen, über Nacht in kaltem Wasser eingeweicht
Schale und Saft von 1–2 Zitronen
8 EL mildes Olivenöl
Salz und Pfeffer
1 Handvoll Koriander, fein geschnitten

Beim Garen sind sowohl Oktopus als auch Bohnen heikle Gesellen. Wenn man sie aber richtig anpackt, kann gar nichts schiefgehen.

Das Schicksal jeder Roulade: Sie wird belegt, gerollt, gebunden, geschmort und schließlich verspeist. Traurig, aber lecker.

ROULADE MIT ZITRONENBIRNE, PETERSILIE-SENF-KARTOFFELPÜREE UND LAUCHGEMÜSE

Hier kommt ein ganz klassisches Rouladengericht – fast. Eine besondere, weil fruchtige Note bekommen die Rouladen durch die mit Zitronenschale aromatisierten Birnen. Gleichzeitig wandert der Senf, ein festes Element der bürgerlichen Roulade, in das Püree. Kleine Rochade, schöner Effekt.

Wein mit Wasser, die Zitronenschale, die Gewürze und die Chilistücke in einen Topf geben und aufkochen. Vom Herd nehmen, die Birnen in den heißen Sud legen und mindestens eine Stunde ziehen lassen. Herausnehmen, abtropfen lassen und fein würfeln. Die Gewürzgurken fein raspeln, mit den Birnen vermischen und mit Salz und Pfeffer abschmecken.

Jetzt wird gefüllt und gerollt: Je zwei Scheiben Speck auf eine Roulade legen und mit je einem Viertel der Füllung bestreichen. Die Rouladen aufrollen und zusammenbinden oder -stecken. Noch einmal salzen und pfeffern. Butterschmalz in einem Topf erhitzen und die Rouladen darin von allen Seiten anbraten. Herausnehmen und das Gemüse im gleichen Topf anrösten. Mit Rotwein ablöschen und mit dem Fond (zur Not mit Wasser) auffüllen. Das Ganze aufkochen lassen und noch einmal abschmecken. Jetzt kommen die Rouladen wieder in den Topf. Bei ganz niedriger Hitze zugedeckt in zwei bis drei Stunden butterzart schmoren. Die Sauce passieren und falls nötig noch etwas einreduzieren.

Während das Fleisch schmort, bleibt Zeit für ein Päuschen. Dann aber ran an die Beilagen. Die Kartoffeln in Salzwasser kalt aufsetzen, gar kochen, abschütten und ausdampfen lassen. Noch heiß durch die Kartoffelpresse drücken oder stampfen. Mit den Gewürzen abschmecken. Milch und Sahne erhitzen. Zwei Drittel davon an die Kartoffelmasse gießen, die Butter, den Senf und die Petersilie hinzufügen und mit dem Schneebesen zu fluffigem Püree schlagen, bei Bedarf noch etwas Milch-Sahne zugeben. Für das Gemüse die Lauchringe mit Butter in der Pfanne Farbe nehmen lassen, abschmecken und gar ziehen lassen, wobei der Lauch bissfest bleiben soll.

Die Rouladen mit dem Kartoffelpüree und dem Lauchgemüse anrichten und mit der Sauce servieren.

Für 4 Personen

Zitronenbirnen
300 ml Weißwein und 150 ml Wasser
Schale von 4 Zitronen, gerieben
1 EL Zucker und ½ TL Salz
1 Lorbeerblatt, 3 Nelken,
1 TL Grüner Pfeffer, 1 Zimtstange,
1 rote Chili, fein geschnitten
2 Birnen, geschält, entkernt und halbiert

Rouladen
4 mittelgroße Gewürzgurken
8 Scheiben Schinkenspeck
4 Rinderrouladen
1 EL Butterschmalz
1 Karotte, ¼ Knollensellerie und
1 Zwiebel, alles fein gewürfelt
200 ml Rotwein
500 ml Rinderfond
Salz und Pfeffer

Beilagen
800 g mehlig kochende Kartoffeln, geschält und gewürfelt
Salz, weißer Pfeffer und Muskat
je 70 ml Milch und Sahne
je 1 EL Butter und grober Senf
1 Handvoll krause Petersilie, sehr fein gehackt
2 Stangen Lauch, geputzt und schräg in Scheiben geschnitten
Butter zum Anbraten
Salz und Pfeffer

FORELLE MIT DREI SORTEN PFEFFER AUF APFEL-SELLERIE-SALAT MIT MEERRETTICHSCHAUM

Warum muss eine Forelle eigentlich immer blau sein (also gekocht) oder nach Müllerin-Art zubereitet werden (also mehliert und gebraten)? Das mag sich auch Simon Horn gefragt haben. Jedenfalls wird seine Forelle in würzigem Kräuteröl »confiert«, d.h. bei gerade einmal 50 Grad gegart. Dafür braucht man keinen Combisteamer, es funktioniert auch in einem ganz normalen Backofen. Das sanfte Garen lässt die Fischfilets butterzart werden – »Forelle wow« sozusagen. Dazu gibt es Meerrettichschaum, einen knackigen Salat mit Kernöl und einen Karamell mit dreierlei Pfeffer aus »Übersee«.

Für den Karamell den Zucker in einem Topf schmelzen, bis er hellbraun ist. Vom Herd nehmen und kurz abkühlen lassen. Die Pfeffer in den flüssigen Karamell geben. Dann diesen flott möglichst dünn auf Pergamentpapier streichen. Nachdem der Karamell ausgehärtet ist, die Streifen vorsichtig vom Papier lösen.

Die Forellen waschen, trocken tupfen und die Filets mit Haut heraustrennen (genaue Anleitungen gibt es im Internet, bei YouTube sogar als Film). Alternativ kann man das auch vom freundlichen Fischhändler machen lassen. Den Ofen auf 50 Grad vorheizen – bei einem Gasherd die niedrigste Stufe wählen und einen Holzlöffel in die Tür klemmen, damit diese nicht ganz schließt. Die Fischfilets salzen und pfeffern und in eine Auflaufform legen. Die Kräuter sowie den Knoblauch über die Filets geben und mit so viel Öl begießen, dass sie gerade bedeckt sind. Im Ofen etwa 20 Minuten garen.

Zum Salat: Die Selleriescheiben in gesalzenem und leicht gezuckertem Wasser kurz blanchieren, dann durch ein Sieb abgießen. Aus Orangensaft, Öl und Essig ein Dressing rühren, mit Salz und Pfeffer abschmecken, die Petersilie und die Zwiebel zugeben. Das Dressing mit dem Sellerie in eine Schüssel geben, die Apfelstreifen hinzufügen und alles gut vermischen.

Für den Meerrettichschaum den Fond mit dem Portwein in einen Topf geben, den frischen Meerrettich auf einer möglichst feinen Reibe (z.B. Wasabireibe oder Muskatreibe) hineinreiben und vorsichtig erhitzen. Der Fond soll die Aromen des Rettichs aufnehmen, dabei aber nicht kochen, sonst wird es eine bittere Angelegenheit. Eigelb und einen Schluck Milch zugeben und unter Rühren weiter erhitzen, bis das Eigelb bindet. Mit Salz und Pfeffer abschmecken. Kurz vor dem Servieren das Ganze mit einem Stabmixer aufschäumen.

Jetzt wird zusammengefügt, was zusammengehört. Die Forellenfilets mit der Sauce samt Schaum und dem Salat auf Tellern anrichten. Karamellstücke dekorativ auf die Filets legen. Ein frisches Stück Weißbrot dazu reicht völlig aus.

Für 4 Personen

Karamell
200g Zucker
1 TL grüner Pfeffer,
1 TL langer Pfeffer und
1 TL Szechuanpfeffer,
im Mörser zerstoßen

Fisch
4 Forellen (am besten aus der Region), ausgenommen
Salz und Pfeffer
einige Zweige Thymian und Oregano
1 Knoblauchzehe, fein geschnitten
etwa 200ml Rapsöl

Salat
8 Stangen Staudensellerie, in feine Scheiben geschnitten
Salz, Pfeffer und Zucker
3 EL Orangensaft
3 EL Kürbiskernöl
1 EL Apfelessig
2 EL Petersilie, fein gehackt
1 Zwiebel, fein gewürfelt
1 Apfel, geschält, entkernt und in feine Stifte geschnitten

Meerrettichschaum
200ml Hühnerfond
5cl weißer Portwein
30–35g frischer Meerrettich
1 Eigelb
1 Schluck Milch
Salz und Pfeffer

HIMBEERMOUSSE AUF POPCORN-KARAMELL-TALERN

Jetzt wird es kitschig: Ein rosarotes Fruchtwölkchen auf puffig-süßem Taler. Nüchterner ausgedrückt: Himbeeren und Mascarpone auf Popcorn, das durch Butter-Karamell zusammengehalten wird. Klingt süß und feist, ist süß und feist.

Vorbereitend das Eiweiß mit der Hälfte des Puderzuckers cremig-steif schlagen. Die Mascarpone mit der Sahne verrühren. Die Himbeeren und den restlichen Puderzucker hinzufügen, die Beeren dabei zerdrücken. Die Masse mit Himbeergeist und Süßwein verfeinern, dann den Eischnee unterheben. Die Gelatine aus dem Wasser nehmen, ausdrücken und in einem Topf vorsichtig erhitzen, bis sie sich auflöst. Dann schnell in die Himbeermasse einrühren. Diese in Schälchen oder eine Schale füllen und für einige Stunden kalt stellen.

Für die Taler zunächst Popcorn herstellen – ganz old-school: Das Öl in einem großen Topf erhitzen, den Mais hineinschütten und den Deckel auf den Topf legen. Warten, bis es zu poppen beginnt, den Topf mehrfach schütteln, warten, bis es aufhört zu poppen. Dann erst den Deckel lüften. In einem zweiten Topf den Zucker und die Butter miteinander schmelzen lassen. Stetig rühren, die Masse verändert mehrmals Farbe und Konsistenz. Der Zucker löst sich auf und die Masse wird braun, fertig ist der Butter-Karamell. Jetzt nicht trödeln. Karamell und Popcorn vermischen – Vorsicht, heiß – und in runde Förmchen (Durchmesser etwa zehn Zentimeter) füllen. Erkalten lassen, bis der Karamell fest geworden ist und die »Popkörner« zusammenkleben. Zum Servieren die Taler aus den Förmchen lösen und auf Teller legen. Die Mousse obenauf setzen. Mit frischer Pfefferminze dekorieren.

Für 6 Personen

Himbeermousse

2–3 Bl. Gelatine, in kaltem Wasser eingeweicht
5 Eiweiß
150 g Puderzucker
250 g Mascarpone
1 Schuss Sahne
250 g frische Himbeeren
4 cl Himbeergeist
1 Schuss Süßwein (z. B. Moscatel)

Taler

3 EL Pflanzenöl
50 g Popcornmais
120 g Zucker
60 g Butter

Pfefferminze zum Garnieren

SCHOKOLADENKÜCHLEIN MIT APFELKOMPOTT UND LAVENDELHIPPE

Hessen trifft Provence. Während das säuerliche Apfelkompott eher an die hiesige Küche erinnert, liegt bei den Schokoküchlein und nach Lavendel duftenden Plätzchenstreifen schon ein Hauch Frankreich in der Luft. Die Schokoladenküchlein bestehen aus einer Art Mousse au Chocolat – Mehl und Ofenwärme lassen sie zu Kuchen werden. Eine Hippe kann übrigens vieles sein, von der Sense als Attribut des Todes über ein klappriges Fahrrad oder eine Ziege bis zu einer mittelalterlichen Waffe. Hippe ist aber auch der Name für ein Gebäck, das hier als gebogener Streifen auf den Teller kommt. Ein Hoch also auf die deutsch-französische Liaison.

Für das Kompott Apfelsaft und Weißwein zusammen mit den anderen Zutaten und Gewürzen erhitzen und etwas ziehen lassen. In der Zwischenzeit die Äpfel schälen, entkernen und in sehr kleine Würfel schneiden. Den Sud erneut erhitzen und durch ein Sieb über die Äpfel gießen. Zwei Stunden bei Zimmertemperatur ziehen lassen. Bei weniger mürben Apfelsorten kann man die Apfelstücke auch kurz im Sud köcheln lassen, bis sie zu zerfallen beginnen. Ganz zerfallen sollen sie allerdings nicht.

Nun sind die Küchlein an der Reihe. Die Schokolade bei niedriger Temperatur (unter 40 Grad) langsam im Wasserbad schmelzen. Das Eigelb mit dem Zucker schlagen, bis es eine cremige Konsistenz bekommt und hell wird. Die Eimasse in die Schokolade einrühren. Sahne und Brandy hinzufügen und alles gut verrühren. Fertig wäre die Mousse. Damit sie zum Kuchen wird, das Mehl darübersieben und unterrühren. Abschließend das Eiweiß mit einer Prise Zucker cremig schlagen und unterheben. Den Teig in gebutterte Förmchen füllen und bei 250 Grad in den Ofen schieben. Die Temperatur sofort auf 160 Grad reduzieren und fertig backen. Das dauert je nach Größe der Form 20 bis 25 Minuten.

Wenn der Ofen schon mal warm ist, kann man auch gleich die Lavendelhippen backen. Alle Zutaten zu einem glatten Teig verrühren. Diesen mit einem Löffel auf ein mit Backpapier ausgelegtes Blech streichen. Streifen für Streifen – sie müssen gar nicht gleichmäßig werden. Bei 160 Grad hellgolden backen, noch warm vom Blech nehmen und vorsichtig auf einen runden Gegenstand drücken, zum Beispiel auf eine Flasche. Sobald er etwas erkaltet ist, kann man die gebogenen Teigstreifen abnehmen – die Form bleibt.

Zum Servieren die Küchlein halbieren. Pro Person zwei Hälften mit Kompott anrichten und mit einer Hippe dekorieren.

Für 6 Personen

Apfelkompott
½ l Apfelsaft
200 ml fruchtiger Weißwein
5 cl Calvados
4 Nelken, 3 Lorbeerblätter,
½ Vanillestange und 1 Thymianzweig
1 kg Äpfel (halb süß, halb sauer)

Schokoladenküchlein
300 g Schokolade,
z. B. mit 70 % Kakaoanteil
5 Eier, getrennt
5 EL Zucker
90 – 100 ml Sahne
5 cl Brandy
80 g Mehl

Lavendelhippen
50 g Mehl
50 g Eiweiß
50 g Puderzucker, gesiebt
50 g Butter, geschmolzen
1 – 2 EL Lavendelblüten

UKRAINISCHE KÜCHE
Watra

Das Spezielle an einer Planwirtschaft ist, dass genau vorgegeben ist, was wann wie passiert oder zumindest passieren sollte. Sie ist damit das genaue Gegenteil von einem gastronomischen Betrieb im Kapitalismus. Da weiß man nämlich nie, was passiert. Wie viele Gäste kommen, was sie wollen und welche Sonderwünsche ihnen einfallen. Umso erstaunlicher ist es, dass Stella Subatsch, ihr Mann Jaroslaw und ihr Bruder Isaak Herzlich im Westend ein Restaurant führen – sich also offen den unplanbaren Widrigkeiten aussetzen, die es in ihrem früheren Leben in der Sowjetunion nicht gab, jedenfalls nicht offiziell. Wenn unerwartet viele Gäste zu ihnen ins Watra kommen und wild durcheinander bestellen, dann fühlt sich das für Isaak Herzlich so an: »Katastrophe«.

Das frühere Leben fand im galizischen Lemberg statt, einer Stadt, die die Geschichte mal hierhin und mal dorthin geworfen hat – zu Polen, zu Österreich und wieder zu Polen; dann kamen die Sowjets, dann die Nazis, dann wieder die Sowjets. Heute gehört Lemberg zur Ukraine. In der UdSSR war Isaak Herzlich Abteilungsleiter in einem technischen Betrieb, sein Schwager arbeitete im IT-Bereich und seine Schwester kochte in einer Kantine. Doch dann ging der große Plan der Sowjetunion nicht auf und der Vorhang fiel. Isaak Herzlich war der Erste, der die Koffer packte und nach Deutschland zog, 1992 war das. Die anderen beiden folgten einige Jahre später. Doch für das Leben hier gab es keinen Plan, zumindest keinen, der aufgegangen wäre. Also haben sie Anfang 2007 all ihren Mut zusammengenommen und getan, was nie vorgesehen war: sich selbständig gemacht.

Die Lage mitten im Grüneburgweg ist gut, der Zugang zum Watra jedoch eine Herausforderung: eine Einfahrt hinein, eine steile Treppe nach unten, durch eine Glastür hindurch, noch einmal einen schmalen Flur entlang – dann ist man endlich da, mitten in der Ukraine. Der Gewölbekeller ist über und über mit Holzschnitzereien, Fähnchen, Bauerntrachten und Häkeldeckchen ausgestattet. Stella Subatsch: »Wir wollten nicht, dass es aussieht wie ein Restaurant, sondern wie ein ukrainisches Bauernhaus.« Das ist gelungen.

Die Arbeitsteilung zwischen den dreien ist klar: Isaak Herzlich bedient und erklärt den Gästen, wie das so war mit Lemberg und warum seine Leibspeise, die Gretschaniki, »wunderlecker« sind. Manchmal stellt er sich auch mit Probierhappen oben an die Straße. Schwester und Schwager werkeln mit großer Sorgfalt in der Küche, aus der Gerichte kommen, die genauso schmecken wie damals bei Mutter Genija. Alles wird frisch und mit großem Aufwand zubereitet, die Röstzwiebeln, die über Stunden im Topf bräunen, die klare Brühe und die handgefertigten Wareniki, der Ukraine liebste Teigtaschen. Für große Runden bereiten sie sogar gefüllten Fisch zu, einen Klassiker der jüdischen Küche und eine Riesenarbeit. Überhaupt tischen sie bei besonderen Anlässen groß auf. Die Tafel wird so lange mit osteuropäischen Spezialitäten bestückt, bis kein Tellerchen mehr Platz findet. Und das ist dann meistens nur der Auftakt für einen langen Abend.

An normalen Tagen hingegen ist die Auswahl der Speisen überschaubar, die Preise sind trotz der hohen Qualität günstig, besonders mittags. Herzlich: »Wenn man sieht, dass sich Leute für den gleichen Preis Fast-Food holen, kann man sich die Haare raufen.« Doch im Watra geht es nicht ums Geld, zumindest nicht ums große. Hier geht es darum, die Gäste an einem Stück Osteuropa teilhaben zu lassen und sich ein Stück Zuhause zu bewahren. Und vor allem: »Nichts zu tun, das geht nicht, schließlich will man seinen Kindern ein Vorbild sein«, erklärt Herzlich. Da kann man nur sagen: Plansoll erfüllt.

FORSCHMAK
Heringstatar mit Quark und Ei

WINEGRET
Salat mit Rote Bete, Kartoffeln und Bohnen

SALAT KAPUSTNIY
Ukrainischer Krautsalat

★

BORSCHT
Rote-Bete-Suppe

KAPUSTNJAK
Kräftige Sauerkrautsuppe mit Speck

★

WARENIKI
Teigtaschen mit Kartoffeln gefüllt, mit Röstzwiebeln und Sauerrahm

GRETSCHANIKI
Hackfleisch-Buchweizen-Rollen

★

BLIN
Pfannkuchen à la Watra

*Herzlich Willkommen.
Im Watra empfängt man die
Gäste gerne schon vor der
Tür und begleitet sie dann ins
ukrainische Wohnzimmer.*

FORSCHMAK — *Heringstatar mit Quark und Ei*

Wenn es in ukrainischen Küchen gemütlich werden soll, kommen Getränke, sprich Wodka, und ein ganzes Arsenal kleiner salziger Speisen auf den Tisch. Typische Sakuski – also kalte Häppchen oder Imbisse – sind Brot, Salzgurken, eingelegte Pilze, Wurst und Salate, obligatorisch ist gesalzener Hering. Für diesen Salat, eine Spezialität aus der jüdischen Küche, wird er als Tatar mit Schichtkäse angemacht. Forschmak eignet sich übrigens nicht nur als Vorspeise eines Abendmahls – er bewährt sich auch bestens am nächsten Morgen als Katerfrühstück.

Die Heringsfilets mit einer Gabel zerdrücken. Den Tatar in eine Schüssel geben, Schafs- und den Schichtkäse, weiche Butter, Eier und Zwiebelwürfel zugeben und alles gut vermischen. Mit Salz und Pfeffer würzen. Einige Minuten durchziehen lassen, dann aber bald verzehren. Gegessen wird Forschmak auf einer Scheibe Weißbrot, garniert mit Petersilie, einem Stück Apfel oder Tomate.

Für 6–8 Personen
200 g Heringsfilet
100 g Schafskäse, zerbröselt
200 g Schichtkäse
100 g weiche Butter
8 Eier, hart gekocht, geschält und fein gewürfelt
2 mittelgroße Zwiebeln, fein gewürfelt
Salz und Pfeffer

WINEGRET — *Salat mit Rote Bete, Kartoffeln und Bohnen*

Winegret, auch Vinegrata genannt, war schon ein Klassiker im Zarenreich und später dann in der Sowjetunion. Im Gegensatz zu diesen ist er allerdings keineswegs untergegangen. Die genaue Zubereitung variiert, immer aber wird gewürfeltes und gekochtes Gemüse mit Pflanzenöl angemacht. Wichtig für den »echten« Geschmack: Das Sauerkraut und die Salzgurken sollte man in einem osteuropäischen Lebensmittelladen kaufen. Denn in Polen, der Ukraine und Russland wird Sauerkraut ohne Wein eingelegt und die Gurken sind deutlich salziger als ihre deutschen Essig-Genossen. Eines noch: Der Name Winegret stammt wohl nicht von dem Französischen Vinaigre oder gar von der Sauce Vinaigrette ab. Angeblich gab es ihn schon, bevor die ersten französischen Köche östlich von Preußen gesichtet wurden. Das sehen wohl selbst die Franzosen so, schließlich heißt Salat Winegret bei ihnen »Salade à la Russe«.

Die Rote Bete und die Kartoffeln in Wasser gar kochen. Auskühlen lassen, schälen und fein würfeln. Die Kartoffeln mit Erbsen, Bohnen, Zwiebeln, Sauerkraut und Salzgurken in eine Schüssel geben und gut vermischen. Mit Sonnenblumenöl, Salz und Pfeffer anmachen, dann auch die Rote-Bete-Würfel untermischen. Sie erst am Schluss zuzufügen hat nichts mit Geschmack, sondern nur mit Optik zu tun: Würden sie von Anfang an mitmischen, wäre alles rot. Das geht natürlich auch.

Für 6 Personen
500 g Rote Bete
2 Pellkartoffeln
½ kleine Dose Erbsen
½ kleine Dose Kidneybohnen
1 kleine Gemüsezwiebel, fein gewürfelt
250 g Sauerkraut
2 große Salzgurken, fein gewürfelt
60 ml Sonnenblumenöl
Salz und Pfeffer

SALAT KAPUSTNIY — *Ukrainischer Krautsalat*

Gäbe es ein Quartett mit Gemüsesorten, der Weißkohl wäre kaum zu schlagen. Er wächst bei niedrigen Temperaturen, lässt sich lange lagern, liefert enorme Mengen Vitamine und Mineralstoffe, ist reich an Ballaststoffen und macht deswegen lange satt. Kein Wunder, dass er gerade in den kälteren osteuropäischen Regionen Europas so beliebt ist – als Sauerkraut, in Suppen, einfach gedünstet oder eben als Salat. Im Watra rückt Slawik Subatsch dem Kohl mit einem riesigen Hobel mit drei scharfen Klingen zu Leibe. Wenn hier gehobelt wird, fallen ordentlich Krautspäne. Der Trick bei der Zubereitung: Der gehobelte Kohl wird mit warmem Öl übergossen, wodurch er leicht angart.

Den Weißkohl, die rote Paprika – die man vorher vom Kerngehäuse und den weißen Innenhäuten befreit hat – sowie die Karotten fein hobeln. Zwiebeln, Knoblauch und Chili hinzufügen. Das Pflanzenöl in einem Topf erhitzen und warm über die Krautmischung gießen. Den Zitronensaft untermischen und mit Salz sowie etwas Zucker würzen. Den Salat für drei Stunden bei Zimmertemperatur ziehen lassen, dann noch einmal abschmecken. Anschließend gleich essen oder kühl stellen. Denn wenn er zu lange im Warmen steht, bekommt er eine bittere Note.

Für 6–8 Personen
1 kg Weißkohl
2 rote Paprika
2 Karotten
1–2 Zwiebeln, in feine Ringe geschnitten
2 Knoblauchzehen und
1 rote Chili, fein geschnitten
150 ml Pflanzenöl
Saft von 1 Zitrone
Salz und Zucker

BORSCHT — *Rote-Bete-Suppe*

Für Borscht (sprich: Borschtsch) gibt es in Russland und der Ukraine unzählige Rezepte. Immer aber findet sich in der Gemüsesuppe Rote Bete. Entscheidend beim Borscht, egal nach welchem Rezept: Am zweiten Tag schmeckt die Suppe doppelt so gut. Also kochen, abwarten und Wodka trinken.

Zunächst wird die Brühe zubereitet. Hierfür das Suppenfleisch mit den Zwiebeln und der Petersilie mit so viel kaltem Wasser aufsetzen, dass das Fleisch bedeckt ist, und einmal aufkochen. Das Wasser mit dem entstandenen Schaum abschütten. Das Fleisch unter fließendem Wasser abwaschen und mit den gleichen Zutaten und frischem Wasser (etwa zwei Liter) wieder aufsetzen. Aufkochen und anschließend für eine gute Stunde auf kleiner Flamme köcheln lassen. Die Brühe durch ein Sieb abgießen.

Parallel die Rote Bete vorbereiten. Die Knollen in einem Topf kochen, bis sie gar sind, also von der Messerschneide rutschen. Nun kommt die hohe Schule der Rote-Bete-Zubereitung: Stella Subatsch gibt sie noch für etwa zehn Minuten bei 180 Grad in den Backofen, wodurch sie zum einen Wasser verlieren und sich zum anderen ihre süßliche Note intensiviert. Danach werden sie geschält und mit Zitronensaft beträufelt, damit sie später in der Suppe ihre majestätisch rote Farbe behalten.

Die übrigen Gemüse werden in der Fleischbrühe gekocht. Los geht es mit dem Weißkraut, dann auch Karotten, Kartoffeln, Zwiebeln, Paprika und die Tomaten hinzufügen. Wer seinen Borscht leicht scharf mag, kann eine rote Chili in den Topf geben. Die Gemüse gar kochen. In den letzten Minuten darf auch die Rote Bete mitspielen – erst aber wird sie zerkleinert. Entweder schneidet man sie in kleine Würfel oder man macht es wie im Watra, wo sie geraspelt wird. Das Suppenfleisch in Streifen schneiden und dazugeben. Das Ganze noch einen Moment köcheln lassen. Ordentlich salzen und pfeffern und die Petersilie zugeben. Serviert wird die Suppe mit einem großzügigen Klecks saurer Sahne, garniert mit Dill.

Für 6–8 Personen
600g Suppenfleisch
1–2 Zwiebeln, grob geschnitten
½ Bd. Petersilie, zusammengebunden
Salz und Pfeffer

500g Rote Bete
Zitronensaft
500g Weißkohl,
3 Karotten,
3 Kartoffeln,
2–3 Zwiebeln und
1 rote Paprika, alles gewürfelt
1 Dose passierte Tomaten
evtl. 1 rote Chili
Salz und Pfeffer
½ Bd. Petersilie, fein gehackt
250g Sauerrahm
1 Bd. Dill, fein geschnitten

KAPUSTNJAK — *Kräftige Sauerkrautsuppe mit Speck*

Suppen, Suppen, Suppen. In der osteuropäischen Küche spielen die Warmmacher eine zentrale Rolle. Diese Kapustnjak hat es auch ohne viele Zutaten in sich und bringt viel Vitamin C in den Organismus. Stella Subatsch stellt die Basisbrühe mit Vegeta her. Das Gewürzpulver in der blauen Tüte ist weltweit, vor allem aber in Osteuropa ein Küchenklassiker. Als Markenphänomen ist es so etwas wie die Coca-Cola des Ostens. 1958 wurde die Rezeptur im Labor des kroatischen Konzerns Podravka entwickelt und als »Vegeta 40« mit durchschlagendem Erfolg auf den Markt gebracht. Vegeta wurde oft versucht zu kopieren, die Originalformel bleibt aber ein streng gehütetes Geheimnis. Seit 2006 gibt es auch »Vegeta natural« – ohne Zusatz von Geschmacksverstärkern und Farbstoffen. Natürlich kann man seine Kapustnjak aber auch mit einer selbst gemachten Gemüse- oder Fleischbrühe – siehe das Borschtrezept links – zubereiten.

Für 6 Personen
50g Räucherspeck
1,5 l Wasser
1 EL Vegeta (alternativ Gemüse- oder Fleischbrühe)
1 Gemüsezwiebel, grob gewürfelt
1 EL Röstzwiebeln à la Watra (siehe Seite 161)
500g Sauerkraut, am besten die ostdeutsche oder polnische Variante »ohne Wein«
Salz und Pfeffer

Zunächst den Räucherspeck in kleine Würfel schneiden und in einer Pfanne auslassen. Das Wasser mit Vegeta aufsetzen und zum Kochen bringen. Frische und geröstete Zwiebeln, den ausgelassenen Speck sowie das Sauerkraut hinzugeben. Das Ganze bis zu zwei Stunden auf kleiner Flamme köcheln. Mit Salz und Pfeffer abschmecken und servieren. Gutes kann so einfach sein.

In der Urkraine isst man die mit Kartoffeln gefüllten Teigtaschen mit Sauerrahm oder mit Röstzwiebeln – oder einfach mit beidem.

WARENIKI — *Teigtaschen mit Kartoffeln gefüllt, mit Röstzwiebeln und Sauerrahm*

Wareniki sind die ukrainische Nationalspeise schlechthin. Teig wird mit Kartoffeln gefüllt und per Hand zu Taschen in Halbmondform verarbeitet – das ist einfach, sättigend und gut. Im Watra gibt es die Wareniki ganz klassisch mit Röstzwiebeln und Sauerrahm. In der Ukraine werden sie auch mit Pilzen, Spinat und Schafskäse oder mit Fleisch gefüllt. Von da ist der Schritt nicht mehr weit zu den Pelmeni, den russischen »Tortellini«. Sie werden aus dem gleichen Teig hergestellt, die Füllung wird aus Hackfleisch, rohen Zwiebeln, Salz und Pfeffer zubereitet. Ihre Tortellini-Form bekommen sie, indem man sie zunächst wie Warenikis zu einem Halbmond formt, dessen Spitzen man dann aber zu einer runden Form zusammenzieht. Noch ein Satz zu den Wareniki: Nachdem sie gegart und abgekühlt sind, lassen sie sich auch gut einfrieren – für den nächsten Wareniki-Abend.

Für 4 Personen
Zwiebeln
Pflanzenöl
200–300 ml warmes Wasser
1 TL Salz
1 Schuss Öl
375 g Mehl, Typ 405
400 g Kartoffeln
Salz und Pfeffer
Sauerrahm nach Bedarf

Los geht es mit den Röstzwiebeln. Hiervon ruhig eine größere Menge machen, sie halten sich und passen nicht nur zu vielen ukrainischen Speisen. Die Zubereitung dauert, ist aber herzlich einfach: Die gewünschte Menge Zwiebeln fein würfeln. In einen Topf geben und so viel Öl zugießen, dass sie bedeckt sind. Bei ganz niedriger Hitze rösten, mindestens eine Stunde (im Watra wird gar zwei Stunden geröstet), immer wieder umrühren. Im Laufe der Zeit färben sich die Zwiebeln dunkelbraun.

Für den Teig braucht man etwas Gefühl. Wasser salzen und mit einem Schuss Öl versehen. In eine Schüssel das Mehl geben und vorsichtig die Hälfte des Wassers zugießen. Verrühren bis das Wasser untergearbeitet ist, dann Schluck für Schluck weiteres Wasser dazugeben und unterrühren, bis ein glatter, eher fester Teig entstanden ist. Diesen lässt man dann mindestens eine halbe Stunde bei Zimmertemperatur ruhen. Dadurch wird er geschmeidig und lässt sich später gut verarbeiten.

In der Zwischenzeit die Kartoffeln für die Füllung kochen, pellen und mit einem Kartoffelstampfer zu Brei verarbeiten. Zwei Esslöffel Röstzwiebeln untermischen, mit Salz und Pfeffer würzen. Einfacher geht es nicht.

Jetzt geht es ans Taschenmachen. Den Teig dünn ausrollen, mit einem Glas Kreise von etwa acht Zentimeter Durchmesser ausstechen. In die Mitte etwas Kartoffelmasse geben. Die Kreise zusammenklappen, den Rand fest zusammendrücken und die Wareniki zu einem Halbmond zurechtziehen. Schließlich werden sie in sprudelndes Salzwasser geworfen und gekocht, bis sie an die Oberfläche treiben. Noch einen Moment nachziehen lassen, dann mit einer Schöpfkelle aus dem Wasser fischen. Auf dem Teller mit Röstzwiebeln garnieren und mit Sauerrahm servieren.

GRETSCHANIKI — *Hackfleisch-Buchweizen-Rollen*

Isaak Herzlich liebt sie. Tatsächlich sind die länglichen Buletten aus Hackfleisch und Buchweizen zum Anbeißen. Mit Gretschaniki kann keine deutsche Bulette mithalten. Das liegt auch an dem Dill, der als Lieblingskraut des Ostens für eine besondere Note sorgt. Und es liegt an dem Buchweizen. Der wird übrigens auch Tartarenkorn genannt, nimmt in vielen Küchen Osteuropas einen festen Platz ein, hat einen hohen Eisengehalt und ist überhaupt verdammt gesund. Buletten fürs gute Gewissen – was will man mehr. Und wenn noch Fragen bleiben: Isaak Herzlich kennt sich mit allen Facetten von Gretschaniki bestens aus.

Für 4–6 Personen
200g Buchweizen
500g gemischtes Hackfleisch
3 Zwiebeln, fein gewürfelt
1 Bd. Dill (mindestens), fein gehackt
Salz und Pfeffer
3 Eier
Mehl zum Panieren
Pflanzenöl zum Braten

Den Buchweizen mit der doppelten Menge Wasser kalt aufsetzen. Bei starker Hitze aufkochen lassen und dann bei niedriger Hitze zugedeckt schmoren lassen, bis das Wasser aufgebraucht und der Buchweizen gar ist. Anschließend wird er mit dem Hackfleisch, den Zwiebeln, dem Dill und einem Ei zu einem Teig vermengt und ordentlich mit Salz und Pfeffer gewürzt. Salzarm dürfen die Gretschaniki auf keinen Fall schmecken. Tipp: Ein kleines Stück der Farce anbraten und probieren, ob es passt, Salz fehlt oder alles schon versalzen ist. Aus dem Fleischteig längliche Buletten formen – gewissermaßen Cevapicis große Brüder. Diese zunächst in Mehl, dann in zwei verklepperten Eiern wenden und in ausreichend Pflanzenöl braten. Nicht zu heiß, die Gretschaniki sollen ja auch innen durchgaren. Mit Sauerrahm oder einer Pilzsauce und Winegret oder einem anderen Salat servieren. Isaak Herzlich hat noch einen Tipp: Am liebsten mag er die Gretschaniki am nächsten Tag – in Scheiben geschnitten und noch einmal angebraten.

Bei vielen Blin-Rezepten ist Hefe im Spiel. Nicht so im Watra. Ob mit oder ohne: Fliegen kann ein Pfannkuchen immer.

BLIN — *Pfannkuchen à la Watra*

Der nächste Klassiker des weiten Ostens: Pfannkuchen. Zwischen Lemberg und Wladiwostok werden sie zu jeder Gelegenheit gegessen, sei es, dass man sie in Sauerrahm tunkt, mit Pilzen, Hackfleisch oder Spinat herzhaft füllt oder mit Marmelade bzw. gesüßtem Quark verfeinert. Rezepte gibt es unzählige und bei den meisten sorgt Hefe für Auftrieb. Nicht so bei den Blini im Watra. Bestellt man Blin zum Dessert, bekommt man ihn mit einem Herz aus Quark, der unter anderem mit Vanillezucker und Zitronenschale angemacht ist. Was noch darin ist? Jede Frau hat ihr süßes Geheimnis. Und das von Stella Subatsch ist und bleibt leider auch die Quarkfüllung in ihren Blini.

Das Mehl und das Backpulver mischen. In einer Schüssel die Eier mit einem Teil der Milch schaumig schlagen, dann den Rest der Milch unterrühren. Schließlich das Mehl unter Rühren so einrieseln lassen, dass keine Klümpchen entstehen. Den Teig mit etwas Zucker und einer Prise Salz abschmecken. Fertig. Nun muss er 20 Minuten ruhen.

Stella Subatsch backt die Blini ganz ohne Fett in einer beschichteten Crêpepfanne. Ohne die geht es natürlich auch. Ein bisschen Butter in die Pfanne geben, eine Schöpfkelle Teig hineingeben und ausbacken, dabei einmal wenden. Die noch warmen Blini nach Wunsch füllen und zusammenklappen.

Für 6 mittelgroße Pfannkuchen
500 g Mehl, Typ 405
½ TL Backpulver
1 l Milch
3 Eier
etwas Zucker und Salz

GRUNDREZEPTE

Fonds und Jus

Zwei Gründe, warum Suppen und Saucen zu Hause oft nicht so intensiv und komplex schmecken wie in wirklich guten Restaurants, heißen Fond und Jus. Einen Fond, also eine Brühe, und eine Jus, also einen »Saft« herzustellen, macht Arbeit. Zwar bereitet jeder Koch seine Fonds und Jus ein wenig anders zu, im Grunde aber funktionieren alle Rezepte nach dem gleichen Muster – und schnell geht es nie. Nachstehend die Rezepte aus der »Heimat« für einen Geflügelfond und für eine Kalbsjus. Man kann sie ja probieren – und danach entscheiden, ob es wirklich zu viel Mühe ist. Praktisch an Fonds und Jus ist, dass sie sich in größeren Mengen zubereiten und gut lagern lassen.

FOND BLANC DE VOLAILLE — *Heller Geflügelfond*

Dieser Fond ist in der klassischen französischen Küche so etwas wie die Basisbrühe für viele Suppen und Saucen. Er dient auch als Auffüller bei der Herstellung einer Jus (siehe unten). Das Prinzip ist bei jeder Brühe gleich: Ein Fond wird nicht wild gekocht, sondern langsam »gezogen«. Mit viel Geduld und bei geringer Hitze wird die volle aromatische Kraft aus der Grundzutat, sei es Rind, Huhn oder Gemüse, extrahiert und in den Fond gebracht.

5 Geflügelkarkassen
1 Stange Lauch,
1 große Zwiebel und Staudenseilerie,
in Stücke geschnitten
5 Wacholderbeeren
6 Pfefferkörner
2 Lorbeerblätter

Die Karkassen in einen großen Topf geben, mit Wasser bedecken und kalt aufsetzen. Den entstehenden Schaum beim ersten Aufkochen abschöpfen – oder die Flüssigkeit abgießen, die Karkassen waschen und noch einmal aufsetzen. Die Gemüse und die Gewürze zugeben. Aufkochen. Danach darf die Brühe bei geringst möglicher Hitze einige Stunden simmern. Je länger, umso besser. Anschließend durch ein Sieb geben und im Topf ohne Deckel abkühlen lassen. Auf der Oberfläche bildet sich eine Fettschicht. Mit dieser hält sich der Fond einige Tage im Kühlschrank. Oder man entfernt die Fettschicht und friert ihn portionsweise ein.

DUNKLE KALBSJUS

Jus ist der satte »Saft« von Knochen, Bratenstücken und Wurzelgemüse. Da diese ohne Fett im Topf scharf angebraten werden und dabei auch leicht anbrennen dürfen, bilden sich Röstaromen. Der Alkohol löst diese vom Topfboden und bringt sie so in die Flüssigkeit. Eine Jus kann so weit einreduziert werden, bis nur noch eine fast sämige Masse bleibt, die vor Aroma nur so strotzt. Nachfolgend eine Variante für eine dunkle Kalbsjus, bei der die Knochen im Ofen geröstet werden. Das ist für den privaten Gebrauch praktisch, weil nur die wenigsten einen Topf mit großem Boden haben, wie man ihn für das Anrösten braucht.

Bei der Herstellung einer Jus läst man es zunächst krachen: Den Backofen auf hohe Temperatur vorheizen. Die Knochen auf ein Blech geben, in den Ofen schieben und rösten. Parallel Butterschmalz in einem großen Topf mit möglichst breitem Boden erhitzen. Das Wurzelgemüse samt Zwiebeln (mit Schale – Farbe!) und Knoblauch scharf anbraten. Sobald sich am Topfboden ein Ansatz gebildet hat, einen ordentlichen Schluck Rotwein zugießen und den Ansatz lösen. Weiter braten, bis sich wieder ein Ansatz gebildet hat, wieder ablöschen. Das Ganze wiederholt man mehrmals, mindestens acht Mal. Nach dem dritten Mal gibt man das Tomatenmark an das Gemüse.

Wenn Gemüse und Sauce eine schöne dunkelbraune Farbe angenommen haben und auch die Knochen dunkelbraun geröstet sind, ist Phase eins beendet. Die Knochen in ein Sieb schütten, damit das Fett abtropft, und anschließend zu dem Gemüse in den Topf geben. Kalten (!) Fond blanc zugießen und das Ganze damit bedecken (um die Starttemperatur möglichst tief zu senken, kann man noch Eiswürfel zugeben). Lorbeer, Wacholder, Salz und Pfeffer hinzufügen. Das Ganze bei niedriger Hitze langsam zum Köcheln bringen. Ein paar Stunden simmern lassen und auf die gewünschte Menge bzw. Intensität einreduzieren. Zum Schluss wird abpassiert. Die Jus abkühlen lassen (kein Deckel auf den Topf). Da man meist nur kleine Mengen benötigt, lässt sie sich gut in Eiswürfel-Tüten einfrieren.

2 kg Kalbsknochen
2 EL Butterschmalz
2 Stangen Staudensellerie,
2 Möhren,
½ Stange Lauch und
2 Metzgerzwiebeln (mit Schale),
alles grob geschnitten
2 Knoblauchzehen
1 Flasche kräftiger Rotwein
1 EL Tomatenmark
2–3 l Fond blanc
(zur Not: kaltes Wasser)
evtl. Eiswürfel
2 Lorbeerblätter
5 Wacholderbeeren
Meersalz und 8 Pfefferkörner

REZEPTREGISTER
Essen kochen

VORSPEISEN

VEGETARISCH

Auberginen, gefüllt (Melanzane Farcite) – 50
Karotten, mariniert, mit Koriander – 110
Rohmilchkäse, gratiniert, mit Honig – 25
Sommerrollen, vegetarisch, mit frischen
Kräutern (Goi Cuôn Chay) – 64

FISCH

Heringstatar mit Quark und Ei
(Forschmak) – 156
Jakobsmuscheln mit Frischkäse,
Granny Smith und Serrano – 94
Shooter aus Lachstatar, Meerrettichschmand
und Gurkengelee – 93
»Teigchen« mit Garnelen
(Massinhas de Camarão) – 111
Trilogie vom Fischtatar
(Trilogia di Tatar di Pesce) – 124
Türmchen von Ziegenkäse und Filoteig
mit Schafgarbe – 81

FLEISCH

Kartoffel-Crostini mit Kaninchen
und Schmorkarotten – 97
Wildschwein-Carpaccio mit Erdbeersauce
(Carpaccio di Sirbone con Salsa alla
Fragola) – 127

SUPPEN

Borscht (Rote-Bete-Suppe) – 158
Hessische Gazpacho (Kalte Gemüsesuppe
mit Apfelwein) – 22
Hühnersuppe (Sopa de Galinha) – 113
Ingwer-Gemüse-Suppe (Zengbl) – 34
Kürbissuppe (Zuppa di Zucca) – 48
Linsensuppe, orientalisch, mit Riesengarnelen
im Mohnmantel – 78
»Saigoner Frühstück« – Traditionelle Reis-
nudelsuppe (Hu Tiêu Nuoc) – 63
Sauerkrautsuppe mit Speck (Kapustnjak) – 159

SALATE

Ananassalat, pikant, mit Gemüse, Kräutern
und Erdnüssen (Salat khóm) – 67
Apfel-Sellerie-Salat – 148
Blattsalate mit Zitronen-Senf-Dressing – 25
Handkäsesalat auf Apfelwein-Crostini
mit Kräuterbutter – 143
Krautsalat (Salat Kapustniy) – 157
Mühlen-Wurst-Salat – 24
Rote-Bete-Salat, pikant, mit Äpfeln – 110
Salat mit Rote Bete, Kartoffeln und
Bohnen (Winegret) – 156
Zitrus-Bohnen-Salat – 144

BRÜHEN, SAUCEN, DRESSINGS

Dressing à la Heimat – 94
Dunkle Kalbsjus – 165
Fischsauce, aromatisiert – 66
French Dressing – 81
Geflügelfond, hell
(Fond blanc de volaille) – 164
Gewürzbutter (Niter Kibbeh) – 39
Hoisin-Sauce, aromatisiert – 66
Meerrettichschaum – 148
Portwein-Tomaten-Sauce – 144
Tomaten-Grundsauce
(Sugo di Pomodori) – 49
Weiße Grundsauce à la Heimat – 101
Zitronen-Senf-Dressing – 25

BEILAGEN

Apfelweinbrot – 143
Bratkartoffeln – 24
Eierspätzle – 26
Fladenbrot, gesäuert (Injera) – 35
Gelbe Linsen, äthiopisch – 40
Kartoffelbrot – 97
Kartoffel-Kohlrabi-Türmchen – 84
Petersilie-Senf-Kartoffelpüree – 147
Polenta mit Pilzen (Polenta Soficie) – 132
Pommes, selbst gemacht (Batatas fritas) – 114
Rote Linsen, äthiopisch – 39
Spinat, äthiopisch – 40
Weißkohl, äthiopisch – 39

HAUPTSPEISEN

VEGETARISCH

Bandnudeln mit Grillgemüse und Rucola – 28
*Kartoffel-Teigtaschen mit Röstzwiebeln
und Sauerrahm (Wareniki)* – 161
Kichererbsenpüree, leicht scharf (Shiro) – 40
*Lasagne von Grillgemüse und Schafskäse
an Tomaten-Konfit* – 82
*Maultaschen mit Kartoffel-Minz-Füllung
(Culurgiones Saborius)* – 128
*Orecchiette nach Bauernart mit Wildbrokkoli
(alla Mustazz)* – 53
*Tofu, gefüllt, mit Zitronengras auf
Wokgemüse (Tàu hu nhôi sä)* – 68

FISCH

Forelle, confiert, mit drei Sorten Pfeffer – 148
*Kalmare auf ländliche Art
(Lulas provinçiais)* – 113
*Lachsfilet, geschmort, in Pfeffersauce
(Cá Lachs kho tô)* – 69
*Oktopus, gebraten, auf
Zitrus-Bohnen-Salat* – 144
Seeteufel mit Muskatkürbis – 101
*Seeteufelmedaillons in Kokoskruste auf
Fenchel-Avocado-Orangen-Gemüse* – 83
*Spaghetti mit sardischem Kaviar
(Spagitusu cun Buttariga)* – 127
*Steinbutt im Kartoffelmantel mit
Zucchini-Zwiebel-Gemüse
(Rombo assa Loccerese)* – 131

FLEISCH

*Gewürz-Ente in Curry-Kokosmilch mit
Litschis (Vit xào cà ri nuóc dùa)* – 70
*Gnocchi mit Blutwurst, Chinakohl
und Birne* – 98
*Hackfleisch-Buchweizen-Rollen
(Gretschaniki)* – 162
*Hühnchen, scharf, aus dem Ofen
(Frango piri piri)* – 114
*Lammcarrée, gratiniert, mit Senf-Parmesan-
Kruste (Agnello gratinato Scottadita)* – 55
*Lammkeule in Brennnesselkruste
mit Schmorgemüse* – 84
*Mufflonrückenfilet in Kaffeekruste
(Lombata di Muflone in crosta al Caffé)* – 132
Rehgulasch mit Preiselbeerbirne – 26
*Rinderfilet mit Zwetschgen und
Steinpilzen* – 102
*Rindfleischstreifen, gebraten
(Yetibs Ferfer)* – 39
*Roulade mit Zitronenbirne gefüllt
und Lauchgemüse* – 147
Tagliatelle mit Hackfleischsauce (al Ragù) – 54
*Zwiebelsauce, scharf, mit Huhn und Ei
(Yedoro Wot)* – 43

NACHSPEISEN

*Amaretto-Pudding mit Mangosauce
(Budino di Amaretto)* – 135
Apfelwein-Schmand-Pudding – 29
*Bananen, gebraten, mit Kokosraspel
und Vanilleeis (Yetibs Muze)* – 43
*Bananen, in Kokosnusscreme gekocht,
mit Tapioca-Perlen (Chuôi chung)* – 72
Basilikum-Mango-Trifle – 87
*Blini (Pfannkuchen
auf ukrainische Art)* – 163
*Himbeermousse auf
Popcorn-Karamell-Talern* – 149
*Käsetaschen, frittiert, mit Honig
(Sebadas de Sardegna)* – 136
*Panna Cotta mit Feigensauce
(Panna Cotta con Passata di Fichi)* – 57
*Pastéis de Nata (Puddingtörtchen
»fast wie aus Belém«)* – 117
Schmandtarte mit Weinbergpfirsichen – 105
*Schokoladenküchlein mit Apfelkompott
und Lavendelhippe* – 151
Sesambällchen, frittiert (Bánh Cam) – 73
*Tiramisu, portugiesisch
(Doce de Bolacha)* – 116
Zabaione Bella Donna – 56

ADRESSEN
Essen gehen

ALTE PAPIERMÜHLE — *Niederursel, Oberurseler Weg 21, Tel. 95 77 07 02, www.landgasthof-alte-papiermuehle.de*

AMBASSEL — *Sachsenhausen, Deutschherrnufer 28, Tel. 60 60 72 60, www.ambassel-frankfurt.com*

BELLA DONNA — *Sachsenhausen, Diesterwegstraße 10, Tel. 61 67 58*

BINH MINH — *Ostend, Ostendstraße 61, Tel. 90 43 11 24, www.binh-minh.de*

CRELL CUISINE — *Nordend, Gaußstraße 4, Tel. 49 89 67, www.crell-cuisine.de*

HEIMAT — *Innenstadt, Berliner Straße 70, Tel. 29 72 59 94, www.heimat-frankfurt.com*

LUA RUBY SEPTEMBER — *Nordend, Rotlintstraße 81, Tel. 46 30 85 77, www.luarubyseptember.de*

SARDEGNA — *Innenstadt, Fahrgasse 84, Tel. 13 37 67 79, www.ristorante-sardegna.de*

SEVEN SWANS — *Innenstadt, Mainkai 4, service@sevenswans.de, www.sevenswans.de*

WATRA — *Westend, Grüneburgweg 27, Tel. 71 91 89 56*

DAS KÜCHEN-TEAM

Es bitten zu Tisch

BIANCA FAHLBUSCH — *Satz und Reinzeichnung*

Jg. 1980. Hat in Darmstadt Kommunikationsdesign studiert und ist heute Grafikdesignerin in der Agentur von Sebastian Schramm. Arbeitet nicht mit einer Mouse, sondern mit einem Grafiktablett. Das macht huschende Geräusche, woran sich Sebastian Schramm inzwischen gewöhnt hat.

MICHAEL HUDLER — *Fotografie*

Jg. 1970. Auch er hat Kommunikationsdesign in Darmstadt studiert. Fotografiert für viele Magazine und für den Zazie Verlag. Die Italiener haben es ihm angetan, außerdem möchte er so Brot machen können wie die Bäckerin vom Ambassel, zumindest annähernd. Für die Aufnahmen in diesem Buch hat ihm Eva Marie Herbert assistiert. www.m-hudler.de

CHRISTIAN SÄLZER — *Konzept und Texte*

Jg. 1971. Gelernter Soziologe, praktizierender Journalist. Schreibt für Magazine und arbeitet redaktionell auch im Agenturbereich. Am liebsten aber macht er Bücher. Hätte gerne noch seinen »Lieblingsjapaner« in diesem Buch untergebracht. Aber der wollte ja nicht. www.buero-schwarzburg.de

NINA SCHELLHASE — *Konzept und Texte*

Jg. 1975. Hat Romanistik und Gesellschaftswissenschaften in Frankfurt und Barcelona studiert. Ist heute Magazinjournalistin. Schreibt für E-HEALTH-COM und den Zazie Verlag. Wenn sie nach ihrem Lieblingsgericht gefragt wird, sagt sie immer »Rouladen«. Ist sich aber nicht sicher, ob das eigentlich stimmt. www.zazie-verlag.de

SEBASTIAN SCHRAMM — *Art Direction und Fotocollagen*

Jg. 1975. Auch er hat in Darmstadt Kommunikationsdesign studiert und führt die Agentur Schramm Kommunikationsdesign. Steht für kompromisslose grafische Stringenz. Hat die Gewürz-Ente mit Litschis testgekocht – mit Erfolg. www.sschramm.com

STEPHIE SCHRAMM — *Art Direction*

Jg. 1978. Auch sie hat in Darmstadt Kommunikationsdesign studiert. Arbeitet heute als Design Director bei der Peter Schmidt Group. Zurzeit kocht sie mehrmals am Tag Brei. Der kleine Louis soll ja groß und stark werden.

SILKE WEIDNER — *Korrektur*

Jg. 1962. Studium der Germanistik und Politologie in Tübingen, Paris und München. Lektorin in einem Münchner Kinderbuchverlag. In Frankfurt dann freiberufliche Redakteurin für Ratgeber, wissenschaftliche Veröffentlichungen und Zeitschriften. Spätberufene, aber umso neugierigere Köchin mit großer Vorliebe für die letzten Gänge des Menüs.

DER VERLAG

Erst »Frankfurter Küchen«, dann »Kochen mit Alkohol« – beide mit einem Gourmand World Cookbook Award ausgezeichnet –, jetzt »Frankfurter Küchen Zwei«: Zazie, die kleine Göre aus Raymond Queneaus Roman »Zazie dans le métro« und Namensgeberin des Zazie Verlags von Christian Sälzer und Nina Schellhase, meldet sich zum dritten Mal zu Wort. Aber sicher nicht zum letzten Mal. Zazie wünscht gutes Kochen und Lesen. www.zazie-verlag.de

DANKE

Ein Kochbuch zu schreiben ist Arbeit, für die es viele Köpfe und noch mehr Hände braucht. In den Küchen und in den Büros. Allen, die auf die eine oder andere Weise mitgerührt, -geschnippelt, -gedacht und -gemacht haben, möchten wir an dieser Stelle aufs Herzlichste danken. Ganz besonders: Zwen Bergmann und seiner Berliner Kochcombo, Mazy Eckert, Oliver Hick-Schulz, Dieter Sälzer, Brigitte und HG Schellhase, Julia Wichmann und allen, die wir leider vergessen haben zu erwähnen. Besonderer Dank auch an Jari Schellhase, der nun schon viele Restaurants kennt – und sie ihn.

IMPRESSUM

Christian Sälzer und Nina Schellhase
Frankfurter Küchen Zwei
Rezepte aus zehn Lieblingsrestaurants
Ein Koch- und Lesebuch

Fotografie *Michael Hudler*
Foto-Assistenz *Eva Marie Herbert*
Art Direction und Fotocollagen
Stephie und Sebastian Schramm
Satz und Reinzeichnung *Bianca Fahlbusch*
Lektorat *Silke Weidner*
Druck *Henrich Druck + Medien GmbH*

Erste Auflage, Frankfurt am Main 2009
© Zazie Verlag, Schellhase-Sälzer GbR
ISBN 978-3-00-029855-4
www.zazie-verlag.de